15歳から学ぶ
お金の教養

先生、お金持ちになるにはどうしたらいいですか?

農林中金バリューインベストメンツCIO
奥野一成

ダイヤモンド社

Contents

序章 お金持ちになるにはどうしたらいいの？

第1章 お金ってなんだろう

第2章

経済のしくみを知ろう

第3章

投資ってなんだろう

序章

お金持ちになるにはどうしたらいいの？

親御さんの言うことを鵜呑みにしないでください

皆さん、こんにちは。私は農林中金バリューインベストメンツという会社でファンドマネージャーをしている奥野一成と言います。

ファンドマネージャーとは、世界中から優良な会社だけを選りすぐって株式のパッケージみたいなもの＝ファンドを作り、多くの企業や一般の投資家の方々に買ってもらう（投資してもらう）仕事です。その株価が上がって利益が出た時などに、一定の手数料をいただいています。

つまり、株価が上がる会社を選ばないと商売にならないわけで、常にどこの会社がどのくらいの利益を生み出しているかに目を光らせています。いわば、「お金のプロ」です。

近々、高校の授業にも「投資」が組み込まれるそうです。しかし、多くの先生方は投資に詳しくないということで、私が呼ばれました。高校生の皆さんに投資の仕組みについてわかりやすく説明してほしいとのことです。

ですので、これからできるだけわかりやすく、投資というものについて説明していきたいと思います。「投資」というとちょっと難しく感じるかもしれませんね。もっとわかりやすく言うと**「お金」の仕組み**です。

どんなルールでお金は皆さんの周りを動いているのか、考えたことはありますか？　皆さんは「お金」について、どんなことを知りたいですか？　はい、一番前のA君。

「お金持ちになるにはどうしたらいいのか、知りたいです」

正直でいいですね。そうですね。誰だって貧乏よりお金持ちの方がいいですね。では、どうしたらお金持ちになれるのか？　私はその方法を知っています。そんなに難しい話ではありません。ただしちょっと話が長くなるので、これからする話をじっくり聞いてください。

まず、お金持ちになるために大切なことの第一歩は、お父さんお母さんや先生の言うことを、鵜呑《うの》みにしないということです。驚かないでください。反抗しろと言っているのではありません。

ご両親や先生の時代の常識は、今ではもう通用しないのです。この20年ほどで、世の中は大きく変わってしまったのです。

きっと皆さんは「一流大学を卒業して、一流企業に就職すれば、幸せになれる」と教えられて、一生懸命勉強しているのだと思います。

果たしてそれは本当でしょうか？

約30年前、私は就職しました。まだバブル景気の残り香がある時代です。当時は「絶対に潰《つぶ》れない」と言われていた銀行に就職したのです。ところが、たった6年でその銀行はあっけなく潰れてしまいました。世の中は急激に、大きく変わってしまったのです。

「モノの時代」に求められたのは「均質な労働力」

日本の景気がよかった１９９０年以前は「モノの時代」でした。世の中でモノが不足していた時代です。バブル経済で大勢の人が次々に高級品を買い求めました。洋服や家電製品、マンション、自動車、高級腕時計、宝石などが飛ぶように売れたのです。日本人の物欲がマックスに達した時代です。日本国内で生産されるモノだけでは物欲を満足させることができず、世界中からあらゆるモノが日本に集まり、消費されていきました。

大勢の人がモノを欲しがるわけですから、どんどん工場を建てて、次から次へとモノを作らなければなりません。工場を建てるためには巨額のお金が必要ですし、工場ができればそこで働く労働者が必要になります。

80's モノの時代

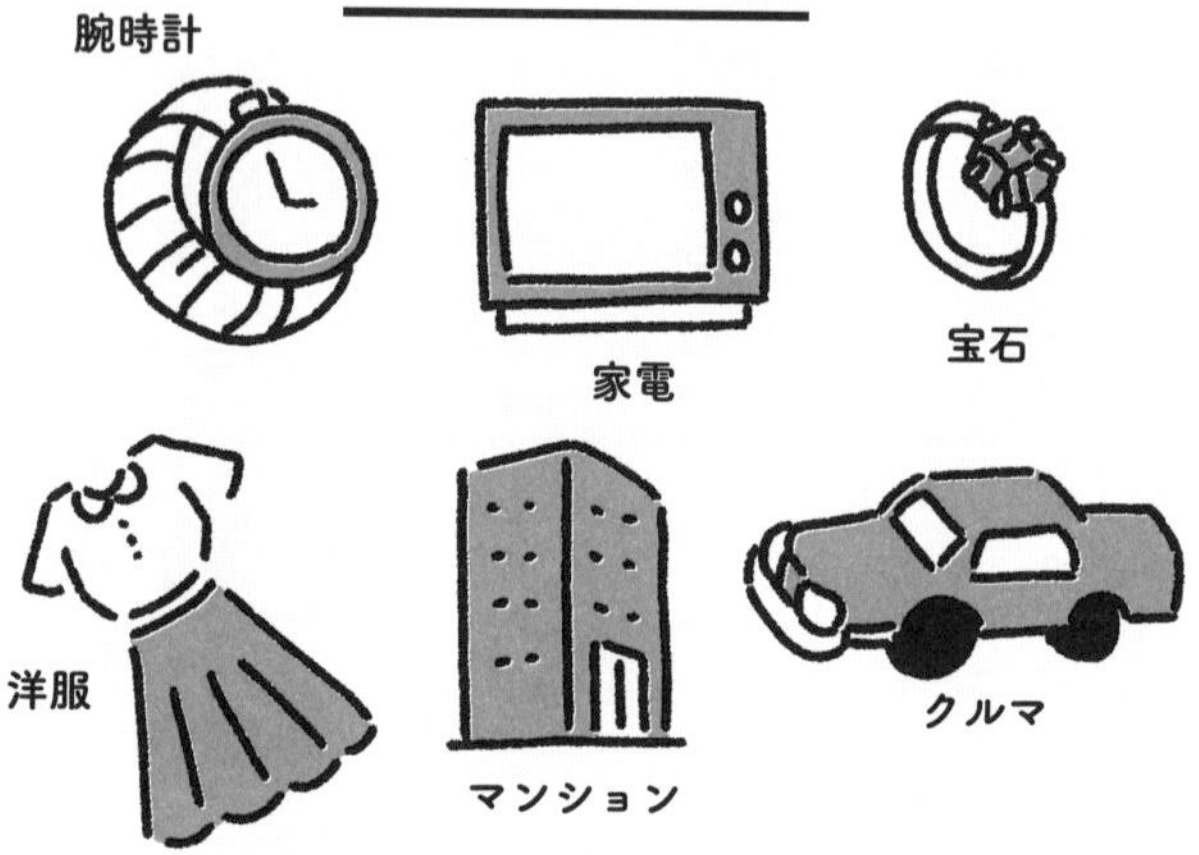

それも均質的で、かつ一定水準を上回る能力があり、上からの命令に従う従順さを持った労働力が求められます。労働者一人一人が皆、バラバラの考えで自分の好きなやり方を優先させたら、製品のクオリティは大きく低下してしまいます。メイド・イン・ジャパンの品質の高さは、そういう労働力が日本に揃っていたからこそ、実現したのです。

そして、そのような労働力を生み出したのが日本の教育制度です。

皆さんが高校生になるまでどのような勉強をしてきたのかを、思い出してみてください。最近は少しずつ変わってきているようですが、それでもやはり暗記学習がメインだったと思います。暗記学習で高得点を得るためには、覚えるべきことをすべて覚えて、出された問題の中から正しい解答を選び出します。そこには必ず「正解」がありました。

「モノ余りの時代」に求められるのは「アイデア」

皆さんは自分で課題を見つけ、それを解決するための方法を考えるのが苦手ではありませんか。

それは、暗記学習を中心にした教育制度のもとで勉強をし続けてきたからです。自分で考える力を鍛えないまま大人になれば、上からの命令に従う従順な労働者ばかりになるのは簡単に想像がつきます。そういう労働者が大勢いたからこそ、日本は均質な製品を大量生産することができました。

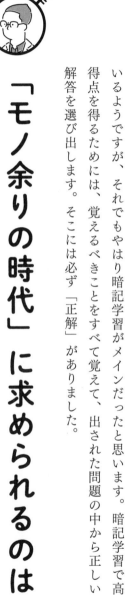

戦後、日本は自動車、家電製品などを大量に作り、モノ不足だった日本国内でたくさん販売しました。日本国内で売り切れなかったものは海外に輸出し、外貨もどんどん稼ぎました。それが今の日本経済の土台を築いたのです。

日本が高度成長をするためにやるべきことは何なのか、その答えは誰にも明確にわかっていました。それは欧米諸国が作っている製品をそっくり真似《まね》して大量に製造し、安い価格で販売することでした。

でも、これからの日本はそういう時代ではありません。

１９９０年以降、モノが余るようになってきました。バブル経済が崩壊して、需要が縮小してしまったのです。

モノが余っているからそう簡単に買ってもらえなくなります。だから需要を呼び起こさなくてはなりません。１９９０年以降はモノが満たされたため、極めて抽象的、かつ複雑な社会課題への対応が求められるようになりました。

これはもう完全に答えのない世界です。その中で売れるものを生み出すには、アイデア勝負になります。資本と労働力を大量に投入して工場を動かし、モノを作り出すのではなく、社会の課題・問題を解決するためのアイデアを生み出した人が、世の中を動かすようになります。

こうした「アイデアの時代」に必要とされるのはどういう人間なのかということを、高校生の皆さんは真剣に考える必要があります。

スマホで世界が変わった

日本でインターネットサービスプロバイダーが登場したのは１９９２年のこと。１９９６年時点の日本におけるインターネットの世帯普及率はたったの３・３％でしたが、２０００年には37・1％まで上昇しました。わずか４年間で普及率は10倍です。皆さんもよく利用していると思いますが、グーグルやアマゾンが日本でのサービスを開始したのもこの年です。

そして２００８年は、時代の転換点になる年でした。なぜならiPhoneが日本国内で発売され、これまた皆さんがご存じのフェイスブックやツイッターが日本語サービ

スマホの時代

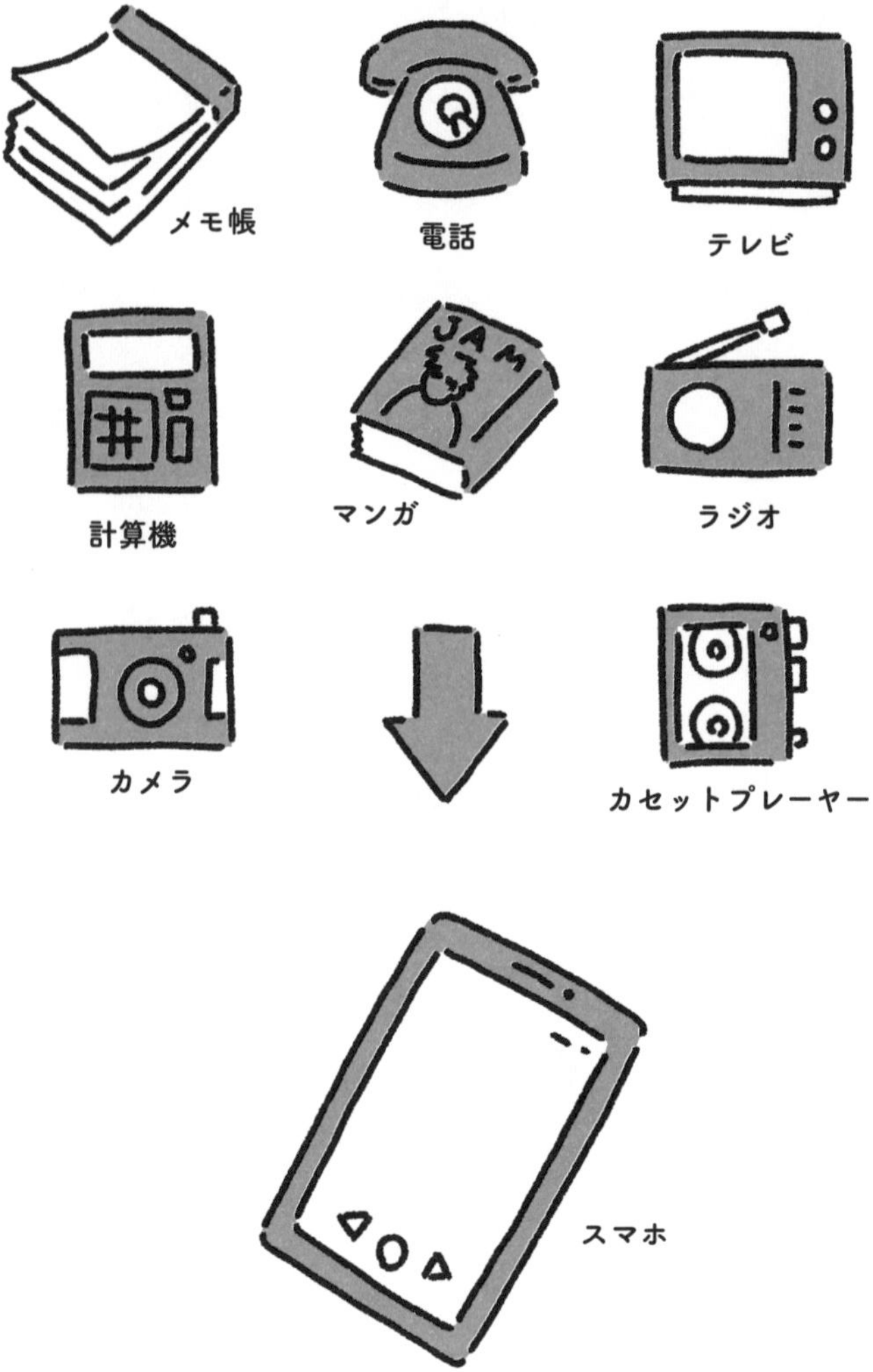
メモ帳
電話
テレビ
計算機
マンガ
ラジオ
カメラ
カセットプレーヤー
スマホ

スを開始した年だからです。２０１０年にはインターネットの人口普及率が78・２%に達しました。高校生の皆さんがまだ6~8歳くらいの頃の話です。皆さんはけっこう昔のことのように感じるでしょうけれども、私のように50歳になったおじさんからすれば、10年前なんてつい最近の話です。

この10年間で、インターネット界隈《かいわい》は物凄いスピードで進化していきました。情報の伝達スピードは言うに及ばず、デジタル技術の進化がすさまじく、誰もがスマホという魔法の箱を一つ持つだけで、生活そのものが大きく変化していきました。

何しろスマホが1台あれば、それを介してクラウドにアクセスし、そこに蓄積されている無限の情報を入手できる時代になったのです。しかもSNSを通じて情報発信もできる。電話もできる。電子計算機やスケジュール帳の機能もあるし、漫画だって読むことができます。

昔は、映画を視るなら映画館、テレビやラジオにはそれぞれに受信機が必要で、漫画などは紙の雑誌しかありませんでした。ところが、スマホの登場によって、それ1台あればすべてに対応できるようになったのです。

デジタルネイティブである皆さんにとっては当たり前の環境かもしれませんが、公衆電話が通信の主役だった時代を知っている私は、インターネット前と後、スマホ前と後では、明らかに世の中が大きく変わったことを実感しています。

当然、これからも情報伝達のスピードはさらに上がっていくでしょう。あと10年もすれば、スマホ自体がなくなって、身体の一部になっているかもしれません。今、高校生の皆さんは、そういう時代を生きていくことになるのです。

「半沢直樹」の時代はもう終わっている

私が社会人生活をスタートさせた１９９０年代は、「働くこと」に関して個々人の自由になる余地は、とても狭いものでした。

その代わり、個々人が所属している組織が「終身雇用制度」や「年功序列賃金」によって、一生食うに困らない安心感を与えてくれていました。しかし時代の流れの中で、それに即した付加価値を提供できない組織は、生き残れなくなってきました。

私が新卒で入った銀行などはその典型例です。何しろ潰れましたから。なぜ潰れたのかというと、バブル経済の時に抱え込んだ負の遺産があったのは事実ですが、私は時代の流れだったのだと考えています。

「半沢直樹」というドラマがヒットしましたね。大袈裟《おおげさ》な「顔芸」が面白くて、私も毎週楽しみにしていました。ただ、あそこに描かれていた銀行は、いささか古い時代のものです。銀行が多くの企業の生命線となっていたのは昔の話なのです。今は、銀行自身が生き残りに必死になっています。どこも崖っぷちにいます。

銀行の業務は、預金を集め、それを企業などに貸し付け、さまざまな決済に対応するという3つがメインです。

でも、今の時代は「お金を貸す」ことが銀行の専売特許ではなくなってきました。「クラウドファンディング」といって、社会的に有意義なプロジェクトに対して投資や融資、寄付といった形で資金を融通する仕組みが存在しています。

決済だって、ブロックチェーン技術がさらに高度なものになれば、銀行が介在しない形でできるようになります。事実、ビットコインなどの暗号資産は、銀行を介在させない形で各種決済を可能にしています。

とても単純化した言い方になりますが、銀行の仕事は「お金を右から左に移して金利差や手数料を抜く」というものです。言い方を変えれば「お金の仲介屋」です。

皆さんも気づいているかもしれませんが、街角からどんどん銀行の店舗が減っていますよね。「半沢直樹」の時代はもう終わっているのです。仲介するのみで何の付価値も生まないようなビジネスは今後、どんどん廃《すた》れていくでしょう。その点では、日本の大手商社もうかうかしていられないかもしれません。

大手製造業だって、大変な時代を迎えています。それは1970年代の米国で、製造業がどのように衰退していったのかを調べるとよく理解できると思います。

たとえば自動車。米国は20世紀の前半に、T型フォードという自動車の量産化に成功した国です。ところが1970年代から、日本の自動車メーカーの猛追を受けて苦境に立たされました。家電メーカーも同じ運命を辿りました。

単純なモノづくりの企業は皆、日本のメーカーに駆逐《くちく》されたのです。そのため今も米国で残っている企業に、単純なモノづくりのメーカーはありません。たとえばアップルだって、単なるパソコンやスマホ、タブレットなどを作っているメーカーではなく、ソフトウェアやサービスも開発・提供し、ウェアラブル端末を用いて健康分野へも参入しています。まさに付加価値の高いサービスを提供しているわけです。

米国の製造業に追いつき、追い越した日本ですが、その時代は長くは続きませんでした。もはや液晶テレビは韓国のサムスン電子の一人勝ちですし、鉄鋼メーカーなんて、数年後には日本から消えるのではないかとすら思えるくらいです。日本が米国の製造業を駆逐した分野は、いずれ韓国や台湾、そして中国に追いつかれ、追い抜かれる時が来るのです。

そうです。世界はどんどん変わっているのです。それに気づくかどうかで、皆さんのこれからの人生が、より良いものになるかどうかが決まっていくのです。今の世界だけを見ていてはいけません。より先の未来を想像して、見通す力が必要とされているのです。

世界は変わっても変わらないもの

さはさりながら、どれだけ世界が変わっても、変わらないものがあるのも事実です。

それは、「付加価値の提供」をできた人が成功するという真実です。

「付加価値」とは、「人のためになる」、「人の役に立つ」ということです。これはどのビジネスにも当てはまることですが、人のためにならないことをどれだけ一生懸命にやったとしても、利益を生み出すことはできません。利益を生めないものは長続きしませんし、そもそも最低限の生活を守ることもできません。

もちろん、人のためにならないことでお金を儲けることはできます。会社を創り、従業員を雇い、低賃金でこき使えば、短期的に利益を上げることは恐らく可能です。完全なブラック企業ですね。でも、そんな会社は従業員のやる気がどんどん下がっていくので、確実に滅びます。

長期的に利益を生み出すためには、従業員に「この会社で働けてよかった」と満足してもらう必要がありますし、そもそもその会社が提供する製品・サービスが、世の中のためになる必要があります。

世の中の大勢の人たちが欲しがる製品・サービスだから、皆、お金を支払ってくれるのです。本当に役立つものだったら、たとえ原価1万円のものを10万円で販売したとしても、買ってもらえます。

「組織の時代」から「個人の時代」へ

2007年にアップルは「iPhone」を米国で発売しました。これによって時代は大きく変わったと思います。2007年以降、世界は「組織の時代」から「個人の時代」へと転換し始めたのです。

SNSを通じて非常に大勢の人たちが、気軽に情報を発信するようになりました。各種メディアで取り上げられていたニュースに対する感想、意見だけでなく、今、自分が居る場所で起きているリアルタイム情報なども積極的に発信できるようになった

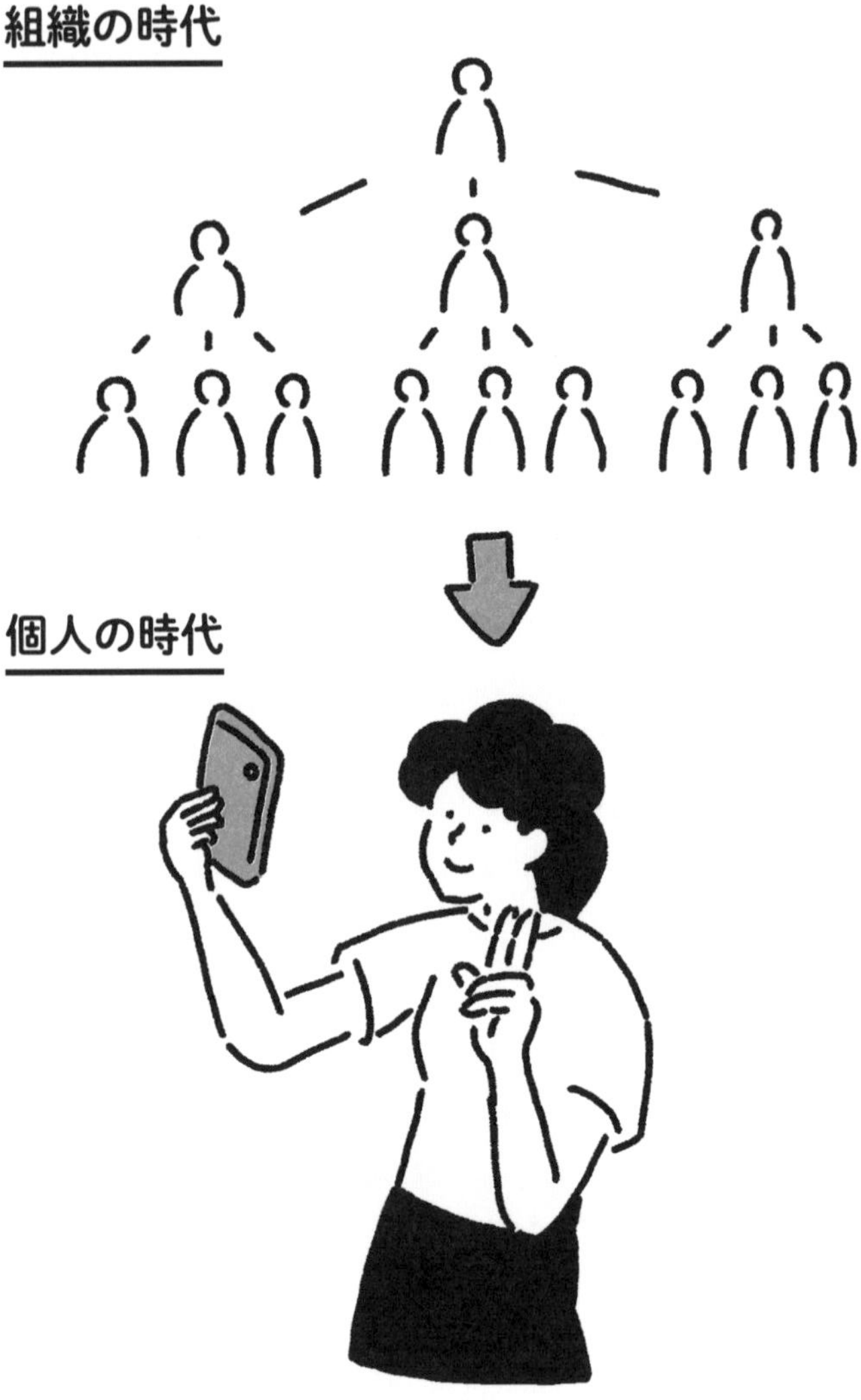
組織の時代
個人の時代

のです。

個人的な情報発信がビジネスにつながっている人さえいます。ユーチューバーなどはまさにその最たるものと言っても良いでしょう。アイデアひとつで莫大な収益を上げられる時代になったのです。

数年後、社会に出ていく皆さんに、生き抜く上で必要になる要素は、ユニークな発想力や、自ら能動的に行動する主体性、さらにそうした個々人をとりまとめていくリーダーシップです。

これを大変と思うか、チャンスと思うかは人それぞれですが、私はなかなか痛快な時代が来たのではないかと考えています。

最後まで読めば、お金持ちになる方法がわかります

これからは「個人の時代」です。一人一人がユニークな発想力を持って、自ら能動的に主体性を持って動いていく時代です。「組織の時代」では難しかった下克上が可能になります。何も大きな工場を建ててたくさんの従業員を雇わなくても、アイデアひとつで成功できる時代なのです。

A君の「お金持ちになるにはどうしたらいいのか」という質問に、本書ではいろんな角度から答えを示していきます。

お金持ちなら誰でも知っている秘密を明かしていきます。

A君の質問の答えにたどり着くためには、「お金」「経済」「投資」「複利」、そして「価値」について知っておく必要があります。少し難しい話も出てきますが、今は完全にわからなくても大丈夫です。最後までじっくり読んでください。

資本主義の仕組みについても、本書では詳しく解説していきます。なぜなら、資本主義の世界では、資本主義の仕組みをよく知っている人が勝つに決まっているからです。

今後の答えのない時代において、君たちはどのように考えながら生きていけばいいのか、お金持ちになるとはどういうことか、ということもお話ししていきたいと思います。

さあ、始めましょう！

chapter 01

お金ってなんだろう

お金の役割とは何か？

お金持ちになるには、まずお金についてよく知る必要があります。この章では、「お金とは何か」について学んでいきたいと思います。好きな人のことは詳しく知りたいですよね。それと同じことです。

君たちは、なぜお金持ちになりたいのでしょうか？

Ａ君、答えてください。

「ええと、お金がたくさんあれば、欲しいモノがたくさん買えるからです」

そうですね。**お金の重要な役割は「交換」機能です**。お金には、その金額のものと交換できるというルールがあります。

私は、**お金とは「ありがとう」のしるし**だと思います。

他人から何か良いモノをもらったら、「ありがとう」と言って、その代わりに何かをしてあげますよね。同じくらいの価値のモノをあげるとか、肩を叩《たた》いてあげて相手を喜ばせるとか。

お金がこの世に登場する前、人々が狩猟した獲物を食べていた太古の時代は、人々は物々交換によって、自分たちの欲しいモノを手に入れていました。たとえばイノシシを狩った人と、シカを狩った人がお互いのモノを持ち寄って交換すれば、それぞれの食卓にはイノシシとシカが載ります。人々は生きていく知恵として、自分が作ったモノを他人が作ったモノと交換することを覚えたのです。

ただ、物々交換には大きな問題があります。太古の時代には冷蔵庫など存在しなかったため、イノシシでもシカでも、その肉を新鮮な状態で長期間保存することができませんでした。一度に食べられる量は限られていますし、保存している間に腐ってしまってはもったいないですよね。

それではあまりにも不便なので人々は知恵を絞り、「お金」に仲介させることを考え出しました。

お金は当初、貝殻が用いられたそうです。「買」、「財」、「資」、「貯」といったお金に関

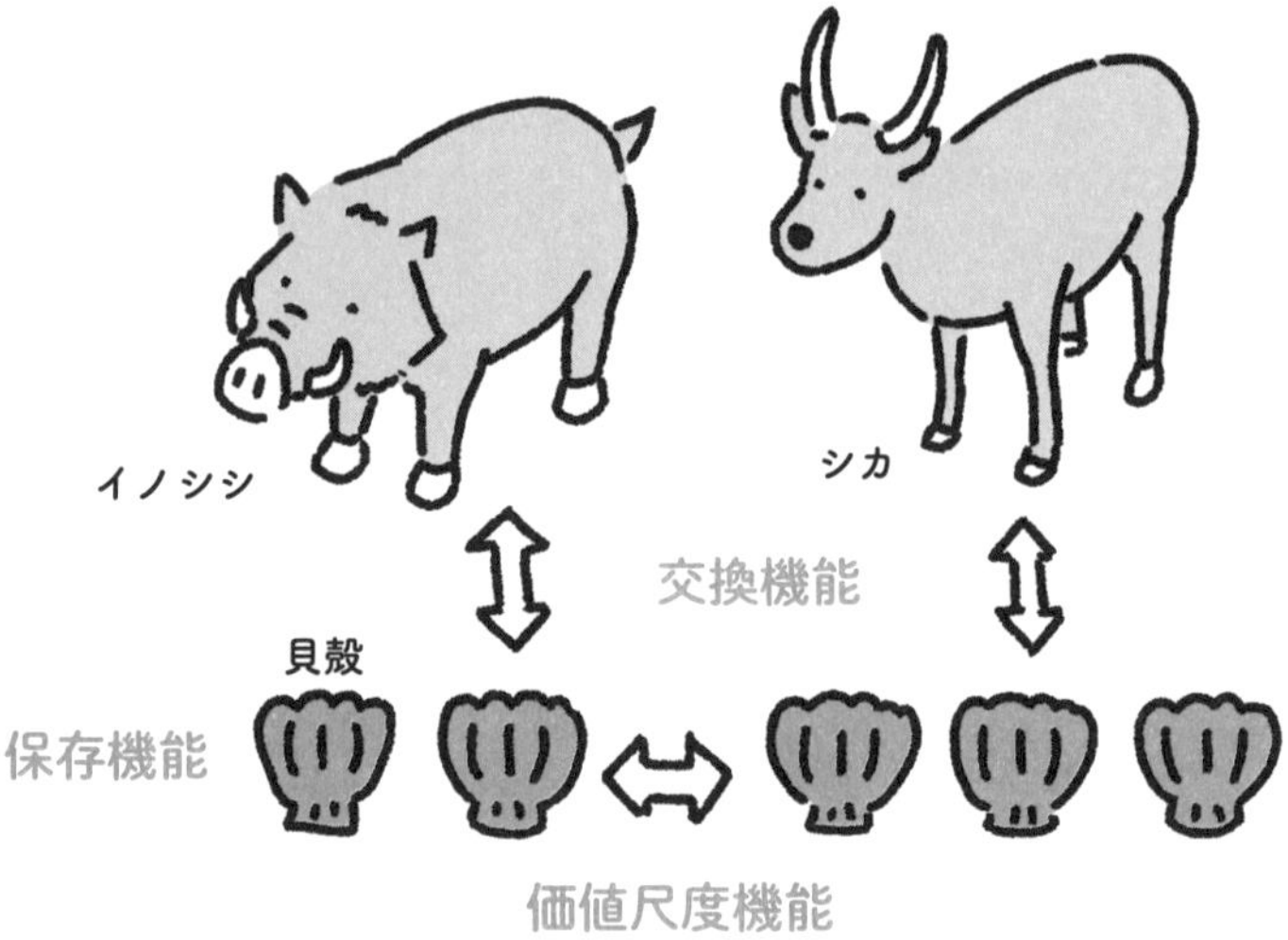

する漢字に「貝」の文字が用いられているのは、その時の名残などとも言われています。

この貝殻を持っていれば、欲しいモノと交換できます。これがお金の持っている「**交換機能**」です。

そしてイノシシやシカと違って腐りませんので、たとえば貝殻2枚あれば、いつでも好きな時にイノシシの肉一切れと交換できるという「**保存機能**」があります。

さらに、たとえばイノシシの肉一切れは貝殻2枚で、シカの肉は貝殻3枚で交換できると決めておくと、イノシシの肉とシカの肉という別のモノを、貝殻という同じモノサシで表すことができます。これが「**価**

値尺度機能」です。

以上のように、お金には「交換機能」「保存機能」「価値尺度機能」があります。ここで重要なことは、お金がこの3つの機能を持つには、その流通しているお金に信用力があることが必要だということです。

そのお金の偽物が出回らないとか、むやみやたらに流通してお金の量が増えたりしないということです。もしお金の信用力が落ちてしまうと、同じイノシシの肉を買うにも多くのお金が必要になってしまい、それまで一生懸命貯めていたお金で交換できるモノが少なくなってしまうのです。

価値は自分が決めるもの、価格は他人が決めるもの

ところで皆さんはお正月に「福袋」を買って後悔したことはありませんか？　福袋の中

にはサイズの合わないTシャツだとか、なんじゃこの色は、というようなパンツとかいろいろ入っていて、実際に着られそうな服は思ったより少ないのではないでしょうか。確かに入っているモノの総額は、定価の半分とか3割の値段で売られているのですが、結局は入っていた多くの服を他の人にあげたり、きょうだいに押し付けたりしたのではないでしょうか。

これを古くから「安物買いの銭失い」と言います。英国にも「Penny wise, Pound foolish」という同じ意味のことわざがあるくらいなので、この種の後悔は万国共通なのですね。

前項ではお金の3つ目の機能として、「価値尺度機能」があると教科書的に説明しました。多くの人にとって価格は、価値とイコールであるとみなされています。しかし、「価値=価格」だと信じている限り、君たちはお金持ちになることはできません。おそらくお金の奴隷《どれい》になってしまうことでしょう。どういうことか説明しますね。

たとえば、君たちが靴屋さんに入って、お目当ての1万円のスニーカーの隣に、3万円のスニーカーが置いてあったとします。きっと君たちは、3万円のスニーカーは自分が欲しいやつよりもいいやつなんだろうなぁと思いますよね。いい素材を使っているとか、クッション性などの機能が優れているとかでしょうか。

このように、多くの人たちは「高いモノには価値がある」と考えてしまいます。でも、その考え方は間違いです。

「価値」と「価格」は全くの別物です。

価値は自分が決めるもの、価格は他人が決めるものなのです。

「価値と価格」は、ともすれば混同しやすいものです。価格とは何か、価値とは何かという点をきちんと整理して理解できれば、人生において無駄な買い物をせずに済みますし、物事の本質を見抜く目を持つことができるようになるはずです。

「価値」とは何か？

君たちが牛丼一杯に感じる満足感は、当然のことながら君たちのその時のお腹の空き具合で異なります。死にそうなくらいお腹が空いている時に食べる600円の牛丼は、お腹がいっぱいの時に食べる5000円の焼き肉よりも美味しいかもしれません。また、同じ600円の牛丼でも、牛肉があまり好きではないB君からすれば400円の満足感しかな

ダイソンの扇風機

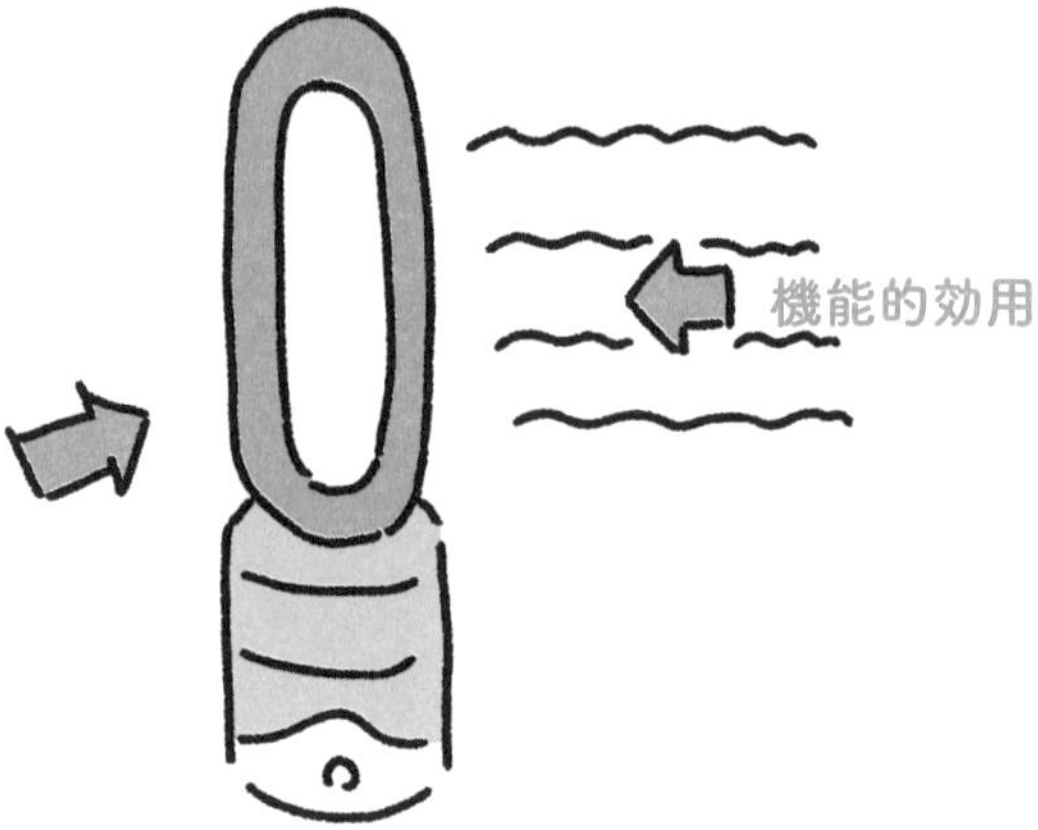

いかもしれません。

「価値」とは君が受け取る効用（≒満足感）であり、君がおかれた状況によっても異なるし、他の人との比較においても全く異なるということです。

ダイソンの扇風機って面白いですよね。風を起こす羽根がないのも画期的で面白いですが、もっと面白いのはその値段です。４万円以上します。隣に並んでいる普通の扇風機が４０００円なのに……。

扇風機なんて、涼しい風を送ってくれるという機能だけあればいいやと考えている人からするとありえない価格です。でも売れていますね。なぜでしょうか？　この「羽根のない扇風機」には送風するという機能以外の効用があるからですね。その効用とは何でしょうか？

私は、あの近未来的なデザインにこそ別の効用があると考えています。送風するという「**機能的効用**」と区別して、それを「**意味的効用**」と呼ぶことにします。この2つの効用を足したものに人は「価値」を見出すのです。

実は身の周りを見渡すと、この「意味的効用」に裏付けられたモノがあふれています。たとえばiPhoneなどもそうですね。あれを組み立てる上で必要なパーツの部品代、作業にかかる労働コスト、宣伝等にかけた経費などを積み上げたとしても、10万円前後の定価に対して、恐らくこれらの経費はせいぜい2、3万円程度だと思います。

また、iPhoneのボディはアルミ製ですが、別に値段の高いアルミである必要はないわけです。実際、今ではガラケーと呼ばれている携帯電話のほとんどは強化プラスチックでできていました。iPhoneが、なぜアルミなのかというと、それは見た目のデザイン性以外の何物でもありません。ダサいプラスチック製よりもアルミ製の方が、はるかに高級感があるのです。それから無駄にボタンのない様式美。これこそがiPhoneの生みの親・故スティーブ・ジョブズ氏が追求した美しさであり、iPhoneに熱狂する人たちが共有する「意味的効用」なのだと考えています。

そういう風に身の周りを見渡してみると今の日本では、「機能的効用」以外のさまざまな「意味的効用」に立脚した価値を見つけることができるでしょう。なぜか？

それは**モノの時代が終わって、価値観が多様化してきた**からです。

皆さんのお父さん、お母さんが子供だった時代、モノが足りなかった時代は、モノの機能面の効用が重視されました。たとえば自動車は走るのが機能ですし、テレビは映像を映し出すのが機能です。その機能的効用に対して多くの人はお金を払いました。

機能的効用は、誰が評価してもそれほど金額にブレはありません。たとえば目の前にある軽自動車の新車価格を5人に言わせたら、恐らく100～150万円くらいの価格帯で落ち着くでしょう。「小さい車」、「実用」、「走る」、「4人乗って荷物が載せられる」、「燃費がいい」という軽自動車に対する認識は5人ともそれほど変わらず、したがって彼らが受け取る価値がそれほどブレません。その結果、「この車に払ってもいいかなぁ」と思える価格にもそれほど大きな違いが生じないのです。

でも、**モノがあふれる時代になると、機能的な効用よりも意味的な効用が重視されるよ**うになり、価値の大きな部分を占めるようになります。意味的効用は、ダイソンの羽根のない扇風機に代表されるような「スマートさ」や、iPhone ユーザーが感じる「かっこよさ」、「しっくりくる」操作性など、人の感性に訴えるものです。本来的に多様性を持ちます。すごく「ハマる」人もいれば、まったく価値を感じない人もいるでしょう。

このことは皆さんが大人になって働く時にも重要なヒントになります。機能的効用は誰がどのように評価しようとも大きな差がつかないのであれば、意味的効用を極めるように働いた方がたくさんのお金をもらえる可能性が高いということです。

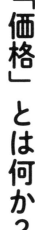

モノがあふれている現代においては、**「価値」というものを「機能的効用」と「意味的効用」に分解して考える**ことで、自分が受け取るものが何なのかを具体的に考えるクセをつけましょう。

「価格」とは何か？

同様に次は「価格」についても分析的にアプローチしてみましょう。皆さんはファミリーレストランでご飯を食べる時、ハンバーグ定食の値段を当てることができますか？ ホテルでご馳走《ちそう》のディナーを食べる時に、自分が注文したメニューがいくらなのか意識したことはあるでしょうか？

価格というものを考える上で参考になるアプローチをいくつか紹介しましょう。

一つめは「**コスト**（費用）」という切り口です。イタリアンレストランに行った時のことを想像してみましょう。君たちがパスタを食べて会計するまでに、どんなコストがかかっているでしょうか。パスタや調味料の材料費、シェフやウェイターの人件費、光熱費、レストランの地代などでしょうか。これらの費用の上にレストランは儲けである利益をのせて、君たちに請求する価格を決定します。このようにレストランの場所（地代）、使われている材料、働いている人数などの費用を考えることは、いただく料理の価格を推測する手法の一つになります。

価格を分析する上で役に立つアプローチの２つめは「**プロセス**」に分けるというものです。

たとえば、皆さんが床屋に行って３０００円支払ったとしましょう。床屋に入って椅子に座りました。すると、①髪をカットしてもらいました。②ヒゲを剃《そ》ってもらいました。③頭を洗って、乾かしてもらいました。そして最後に④肩をもんでもらいました。これらすべてのサービスを受けて３０００円なのです。この時、カットには１５００円くらい、シェービングに800円くらい、というように総額3000円という床屋さんに払うお金を、作業ごとに分解していくのです。

こういうアプローチを「**アンバンドリング**」といいます。世の中の財・サービスの多くは「バンドリング」されています。簡単に言うとセット販売です。先ほどの話に出てきた福袋はバンドリングの典型例ですね。他にもパソコンとソフトウェアはセットで売られており、別々に買うよりも少しだけ安く価格設定されています。携帯料金などもいろいろな（あまり使わない）サービスがくっついています。

一方、君たちの中にも使っている人はいると思いますが、カットだけで1200円（2021年2月現在）という「QB ハウス」のサービスはアンバンドリングサービスの一種なのです。

価格決定を考える上でもう一つ考えるべきは「**競争**」です。競争経済においては、公正な競争は価格を下げるプレッシャーになります。たとえば牛丼チェーン同士の競争は熾烈《しれつ》を極めるので、君たちはすごく安い価格で牛丼を食べることができます。半面、公正な競争が行われていない財・サービスでは、消費者は高い価格で我慢《がまん》せざるをえません。

たとえば毎月払っている携帯電話料金は2021年に一気に値下がりしましたが、それ

までは他の国との比較でも非常に高いままに放置されていました。これは代表的な携帯電話3社に競争原理が働いていなかったことを意味します。本来であれば、人気タレントを使った似たようなコマーシャルに高い費用を使ってライバルから利用者を奪うことよりも、料金を下げることで勝負すべきでしょう。しょせんどのキャリアを使ってもほぼ同じサービスなのだから……。

国から言われたらすぐに値下げができること自体が、まともに競争してこなかった証拠でしょうね。牛丼チェーンと違って、携帯電話のような規制産業ではこのようなことが起こりがちです。

レストランやスーパーに行ったら、モノの値段がある程度当てられるくらいになるまで経験を積みましょう。こちらの方は「価値」の本質を考えるよりも圧倒的に簡単です。紹介した3つのアプローチで分析的に考えることで、冒頭にあったような福袋で後悔する可能性を減らすことができるはずです。

価値を価格より優先させる

「価値」と「価格」が異なることは理解できたと思いますが、これからもっと重要なことを言います。

それは、**「価値」→「価格」の順番で考えよう**ということです。

そうしないと、「価値」が「価格」に引っ張られてしまうからです。欲しいモノがある時、よっぽど意識しない限り最初に目に飛び込んでくるのは「価格」です。それが予想より安ければ、本当に必要なモノか、本当に大事なモノかどうかにかかわらず、「これは安いな！」と飛びついてしまうものです。

この間違いは、モノを買う時ばかりではありません。５０００円のバッグを持って歩いている人よりも、10万円のバッグを持ち歩いている人の方が、立派な人だと錯覚してしまいがちです。でも人の本当の価値は、「高いモノ」を持っているかどうかで決まるわけがありません。

これでは他人が決めた「価格」の奴隷になっているのと同じです。そうならないためには、「価格」より前にまず「価値」について判断する必要があるのです。値札（価格）を見る前に、自分が受け取ることのできる価値（＝機能的効用＋意味的効用）について、自分自身でしっかり考えなければなりません。そして、その価値は、お金を払った瞬間に受け取れるものでなくても良いと思います。

実際、私は20代だった時、相当の時間とお金をつぎ込んで英語をマスターしようとしました。それでも大して上達しなかったのですが、あの若かりし頃に使った時間とお金は、決して無駄ではなかったと今にして思います。

20代の私にとって英語の勉強に費やしたお金と時間は、かなり負担の重いものではありましたが、自分の価値観に合ったものだったということです。なぜなら英語を学んだことでその後の海外赴任が可能になり、そこでマスター（修士号）を取得することができました。だから勤めていた銀行が潰れても、職にあぶれることはなかったのです。

第3章で詳しく述べますが、このように**数年後になって実を結ぶ可能性のあるものに今から資金や時間を投じる行為のことを、広い意味での「投資」と言います。**私が20代で時間とお金を「英語習得」に投下したことは、「投資」だったということです。

「価値」がわかる人は幸福になれる

自分自身の価値の尺度があれば、どんなに魅力的な車であれ、宝飾品であれ、スルーすることができます。逆にどんなに苦しい仕事や勉強だったとしても、自分の価値観に合致していれば我慢できます。

私は、この自分自身の価値観を作ること、価値について本当に理解することこそが、人に左右されない自分の本当の姿の理解、真の意味での自信につながると思います。自信がなくていつも人の意見を気にしている人は、能力がないのではなくて、「自分はこれだ」という自身への理解が足りないだけなのだと考えます。

お金とはなんだろう、というところからずいぶん脱線してしまいましたが、「お金の奴隷」にならないために、まず「価値」というものについてしっかりと理解してもらいたかったのです。

裏をかえせば、この「価値」というものを見極めて、**人に対して「価値」を生み続ければ、結果として皆さんは相当の確率でお金持ちになれます。**「相当の確率で」と言ったのは、その価値に対してお金がついてくるかどうか、成功できるかどうかには、「運」の要素もあるからです。

でもそのような確固とした「価値観」を身に付けることができれば、**最低でも幸福になることができる**でしょう。なぜなら、本当の意味で親、教師、会社、国など自分以外のあらゆるものから、金銭的にも精神的にも自立することができるからです。

この本でこれからたびたび出てくる世界的に有名な投資家のウォーレン・バフェット氏は、幸福と成功について、こんなことを言っています。

「**成功とは良いと思うものを得ること、幸福とは得るものを良いと思うこと**」

「そんなことを言っても世の中、やっぱり金じゃないか」と思っている人もいるでしょう。

でも、持っているお金が多くても、必ずしも幸福になれるとは限らないのです。実際、たくさんの報酬を得ても不幸な人はたくさんいますし、逆にそれほどお金を持っていなくても幸せに生活している人も大勢います。

「価値」と「価格」が別物であるのと同様に、**「幸福」と「成功」も全く別物**なのです。

「ありがとう」の総量をお金で評価するのが資本主義

本書はお金について学ぶ本ですが、高校生の皆さんに、伝えておきたいことが一つあります。

それは「**お金持ちになりたいなら、お金を求めてはならない**」ということです。

そもそも、お金を追いかけて成功した人は、ほとんどいません。大体において失敗しています。たとえば、宝くじで大金を当てた人、ギャンブルで大儲けした人、そういう人たちは大金が入ってきたことで、生活や人間関係が激変して身を持ち崩すことが多いと言われます。それは、単にお金を追い求めても、お金は逃げていくということを示しています。

ではどうすればよいのでしょうか。**自分のためではなく、他人に対して、社会に対して「価値」を提供すればよい**のです。それは別に難しいことではありません。たとえば喫茶店でアルバイトする時でも、自分のやっている接客という仕事を自分のバイト代のため、と考えるのではなく、お客さんがゆっくり過ごせるために自分に何ができるのか、と考えるだけでいいのです。

バイトをしているという行動そのものは何も変わりませんが、心の持ち方が全く異なってきます。お客さんに対してどんな価値が提供できるのか、ということを考えていると色んなアイデアが生まれてくるものです。お客さんに対する接し方や店内の掃除の仕方が根本的に変わってくるでしょう。そうするとお客さんからの評価が変わり、店長からの評価が変わり、関係性が良い方向に動き始めます。そしてその姿勢は、社会に出た時に絶対に役に立ちます。

実際、ビジネスで成功した多くの人は、世の中のためになりたい、人の役に立ちたい、困っている人を助けたいということが動機としてあって、そのために自分は何をするべきかを考え抜いたところでアイデアを思いつき、それを仕組み化してビジネスを立ち上げ、

「ありがとう」の総量をお金で評価するのが資本主義

大勢の人たちに受け入れられて、最終的に成功を掴《つか》んでいます。人と社会に価値を創り、提供した結果として、お金と成功を得ているのです。

恐らくそういう人たちは、「大金を手にしたい」という想いだけでビジネスを立ち上げたわけではないと思います。お金は、世の中をどれだけ良くしたかということに対する評価の一つに過ぎないのです。

最初に言ったように、お金とは「ありがとう」のしるしです。世の中のどれだけ多くの人に「ありがとう」と言われることをしたのか、「ありがとう」と言われるものを創り出したのか。**「ありがとう」の総量**

がお金で評価されるというのが資本主義の基本原則です。「ありがとう」をたくさんのお客さんや社会に提供していると、結果としてお金持ちになってしまいます。そう、「なってしまう」のです。

お金持ちになりたいなら、お金のことだけを考えていてはいけません。**世の中の多くの人に「ありがとう」と言われるには何をしたらいいのかを、考え続けるべき**なのです。

chapter

02

経済のしくみを知ろう

GDPとは何か？

第1章ではお金の話をしましたが、第2章ではそのお金を多くの人がやりとりして生まれる「経済」について学びましょう。

人間は、生きていくには食べなくてはなりません。食料は、自分で野菜を育ててもいいし、川で魚を釣ってもいいのですが、現代社会ではほとんどの人がお金を払って食料を得ています。その方が効率がいいからですね。

つまり大人になったら、働いてお金を稼がなければなりません。

このように「働く」→「稼ぐ」→「消費する」という一連の流れの中でお金のやりとりがされており、このお金が人から人の手に渡って、また別の消費活動を誘発していくという流れの広がりが、経済活動です。

「GDP」という言葉を聞いたことがある人は多いと思います。「Gross Domestic Product」の略称で、「国内総生産」という意味です。

国内総生産（GDP）とは、日本国内で生活している人たちが一定期間内に働いて生み

1500年と2019年の世界GDP比較

	1500年	2019年	比較
GDP（10億ドル）	248	87,799	354倍
人口（100万人）	438	7,674	15倍
1人当たりGDP（ドル）	566	11,441	20倍

出所：Angus Maddison, World Bank

日本のGDP

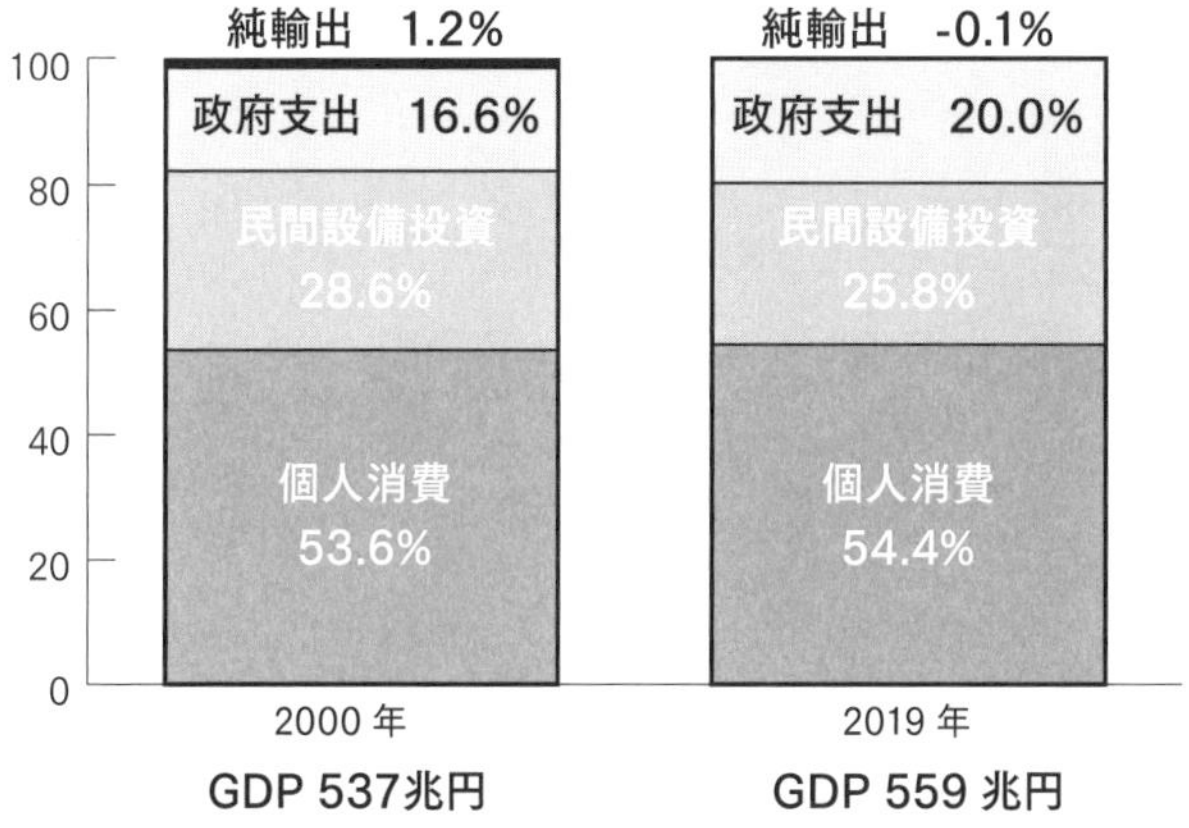

出し、市場で取引された財やサービスの付加価値の総額です。

　GDPは金額で示されます。2019年度（2019年4月~2020年3月）の名目GDPの実額は559兆7000億円でした。2018年度の名目GDP実額と比較すると、0・5%増えています。この対前年度比でGDPの実額が何%伸びたのかを「経済成長率」と言います。つまり**2019年度の日本の実質経済成長率は0・5%**となります。

　GDPは主に、個人消費、民間設備投資、政府支出、純輸出で構成されます。

　では、今から500年前の世界GDPと比較して、現在の世界GDPがどれくらい拡大したのかわかる人はいるでしょうか？　イギリスの経済学者アンガス・マディソン博士によると、西暦1500年の世界GDPは2480億ドルと推計されています。現在の世界GDPは約88兆ドルですから、なんと354倍に拡大しているのです。

　その間、人口は5億人弱から76億人強と15倍以上に増加、一人当たりGDPも20倍以上増加したことになります。西暦1500年までの世界経済はこれほどまでに爆発的に成長できませんでした。総人口もこれほど急激には増加してきませんでした。一体人間の生活に何が起こったのでしょうか？

人間は自分の筋肉以外を動かす2つの方法を学んだ

まず一つには、自分の筋肉以外を物理的に動かす方法を発見したということでしょう。人間は太古の昔から食べ物を食べることで筋肉を動かすエネルギーを得て、狩猟、農耕を行い、食料を得て、という循環で生きてきました。その活動にはおのずと限りがあります。簡単に言うとエネルギー源が限定されていたので、成長できなかったということです。

そこに、石炭を燃やすことで水を沸騰《ふっとう》させ、それを動力に換える方法が発明されました。これが蒸気機関です。太古の昔から降り注いできた太陽光のエネルギーを宿した塊が石炭であり、石油ですね。これを燃やすことでエネルギーを抽出し、動力に換えるということが可能になったわけです。

こうして寝てる間も動いてくれる自分以外のエネルギーが原動力となって、経済が拡大することが可能になりました。今では科学者たちは化石燃料以外のエネルギー源もどんど

人間は自分の筋肉以外を動かすことを覚えた

ん発明、開発しています。
その最たるものが原子力です。原子核を分裂させた時に生まれる莫大なエネルギーを抽出する技術ですが、武器（原子爆弾）開発のニーズから大きな技術進歩が起こるという非常に皮肉な運命をたどり、東日本大震災ではこの技術を制御することがいかに難しいかが露呈しました。しかし、これからも人類は新たなエネルギー源を求めてさらに技術進歩を止めることはないでしょう。

もう一つ爆発的な成長を可能にした原動力があります。自分の筋肉以外を経済的に動かす方法、それが資本主義です。昔から、他の人と協力して何かを作るとか、領主がその領民を働かせるとか、自分以外を働かせる手法は普通にありました。しかし、ある程度閉鎖された関係性の中でのみ成立していたと言えるでしょう。

何か事業を始める時に、見ず知らずの人たちから大金を調達することはできないし、お金が余っていても海の向こうの全く知らない事業家に投資することはできませんでした。それを可能にしたのが、企業という形態であり、資本主義という制度なのです。企業とは何か、ということについては第5章に譲るとして、**お金を集約して、事業に投資することで、資本家と事業家を結びつけて効率的に富を増大させる仕組み、これが資本主義**です。

飛行機を発明したのはライト兄弟ですが、彼らがキティ・ホークで飛行機を飛ばしただけでは、現在これほどまで便利に人々は国境をまたいでいないでしょう。

彼らのとなりに、この発明が世界を変える、これに投資することで儲けることができると信じた投資家、資本家がいたことは簡単に想像がつきます。

機関車、飛行機、自動車などの乗り物のみならず、インターネット、携帯電話、パソコンなどすべての文明の利器の発展の背景には、それをビジネスとして発展させた投資家の存在、資本主義という仕組みがあるのです。だからこそ、資本主義は「近代最大の発明」

と言われるのです。

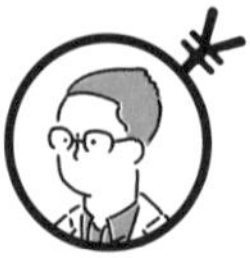

「トゥキュディデスの罠」

皆さんは経済の仕組みなんて、まぁ大人になって稼ぐために少しばかり勉強しておけばいいかな、くらいに思っているかもしれませんが、本当はもっと大事です。なぜなら戦争などの政治的な出来事や歴史的な変動はいつも経済と大きく関わっているからです。

左に１８５０年以降の英仏独のＧＤＰを並べてみました。面白い符合がありますね。１８７０年の普仏戦争は、フランスが台頭するプロイセン（独）に抜かれたところで勃発しています。１９１４年の第一次世界大戦は世界を支配していたイギリスが、急速に工業化するドイツに抜かれたところで勃発しています。

「新しく台頭する国家（勃興国）は自国の権利を強く意識し、より大きな影響力と敬意を求めるようになる。その圧力に直面した大国（覇権国）は状況を恐れ、不安になり、勃興国を叩こうとする」

これがグレアム・アリソン、ハーバード大学教授（政治学）が提示する仮説「トキュディ

英仏独のGDP推移

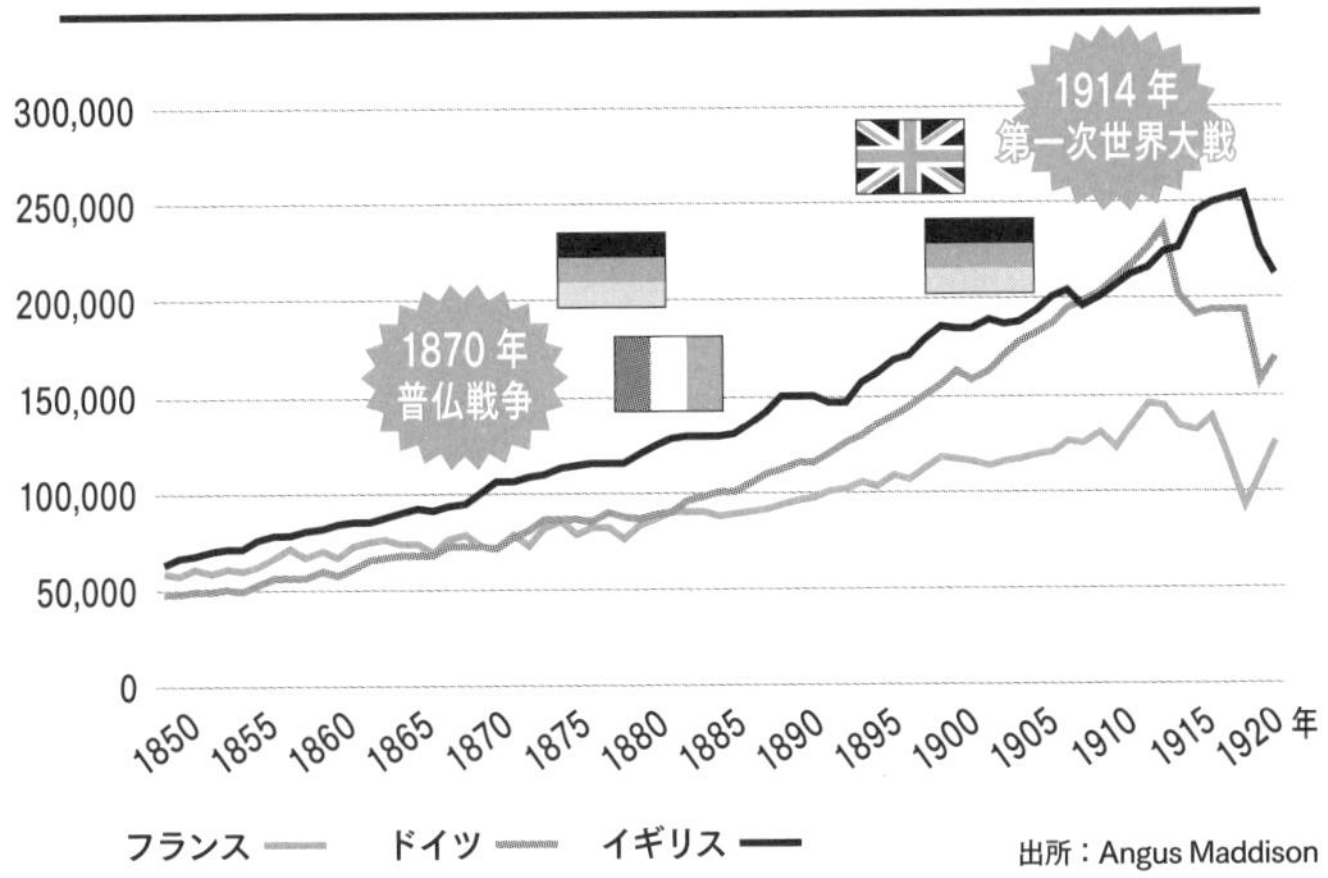

トゥキュディデスの罠

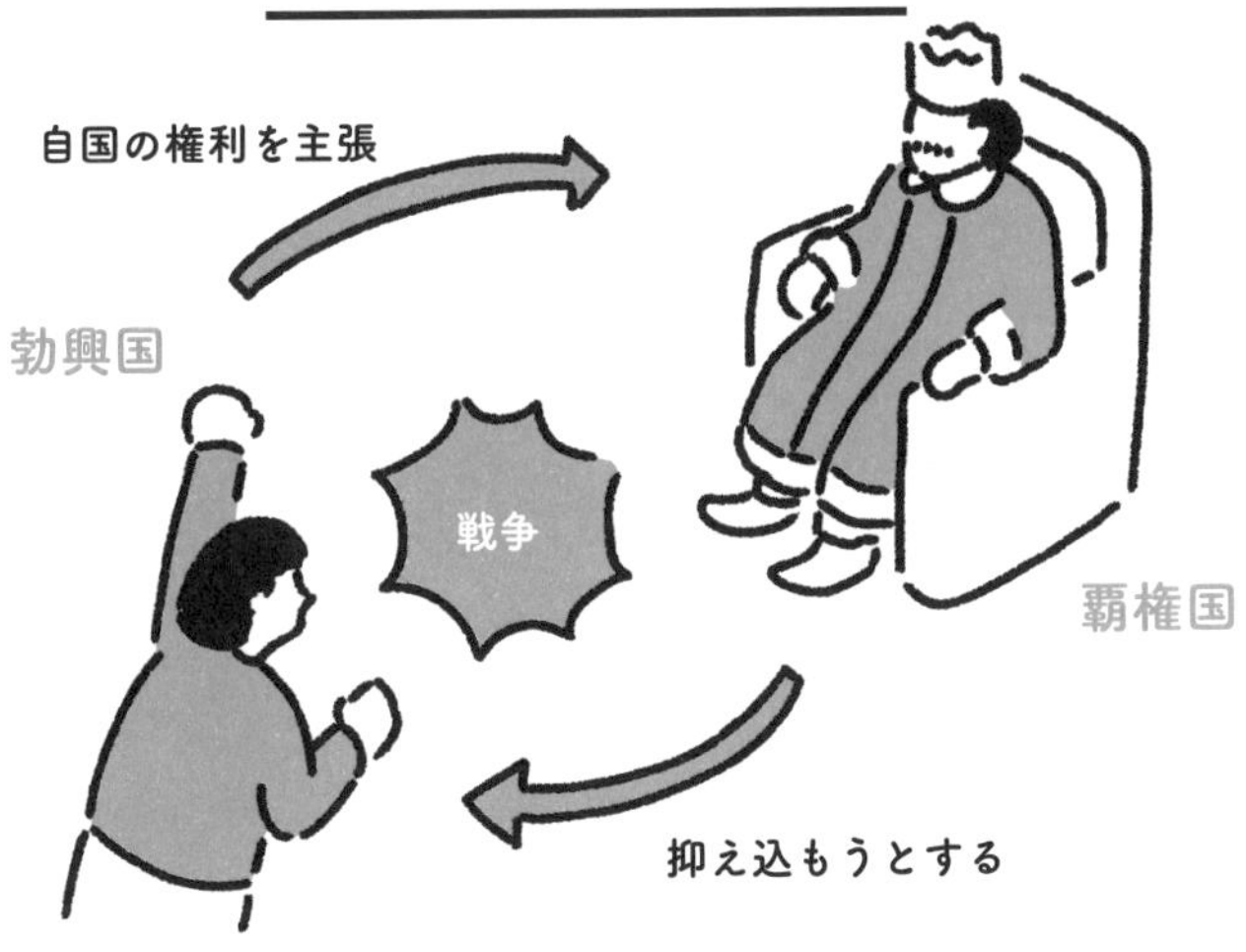

中日米のGDP推移

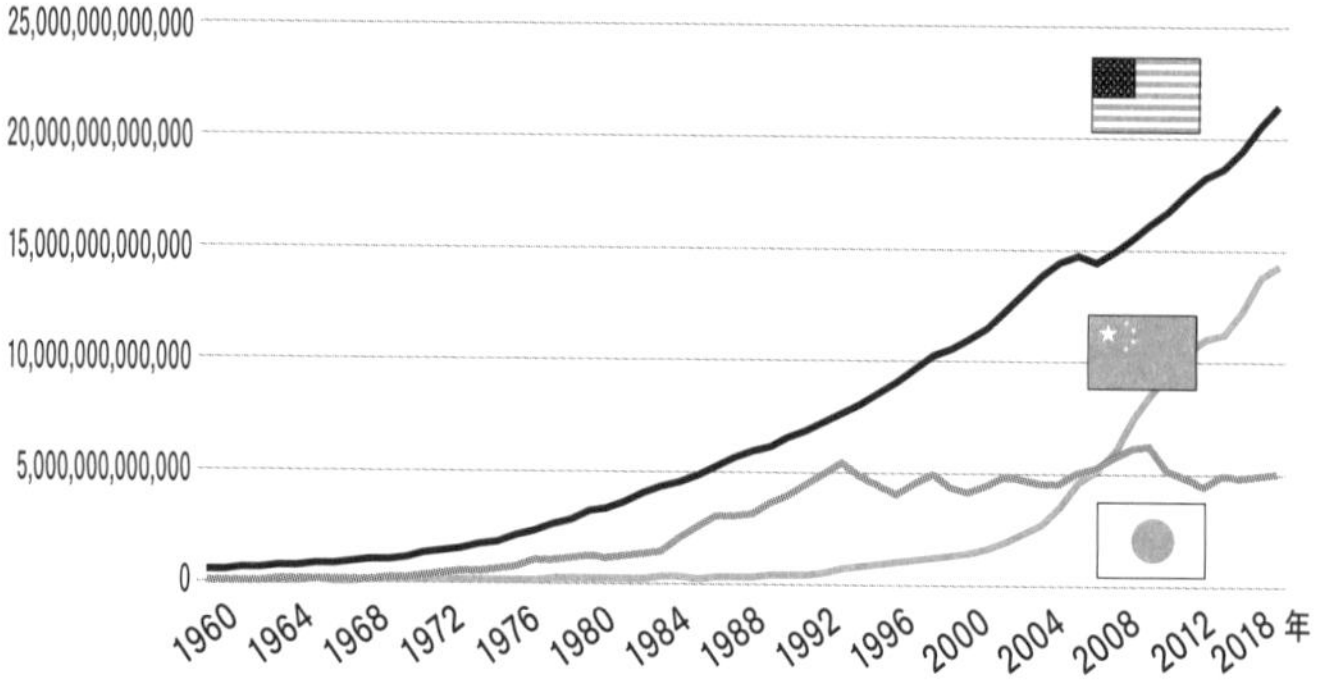

出所：Angus Maddison

デスの罠」です。歴史家の父とされる古代ギリシャのトゥキュディデスはその著作『戦史』の中で、覇権国スパルタに対する勃興国アテナイの挑戦を描きましたが、ここからアリソン教授は法則性を導きだしたわけです。

上の図表を見てください。

2028年までには中国のGDPが米国を抜くと言われています。このように見ると2019年から米中の対立が激化していることにも相応の理由があり、けっしてトランプという異形の大統領の気まぐれではなかったことがわかると思います。これから君たちは、この2大国の狭間でどのように政治的・経済的に振る舞うのかを決断する必要に迫られるでしょう。

大事なことは、ＧＤＰという経済指標そのものを知ることではありません。そこから自分なりの仮説を導くことです。ここで私は、ＧＤＰという経済指標を歴史的かつ分析的に考えるだけで、実にたくさんのことがわかるということを伝えたかったのです。

分析の土台には、数学、歴史は言うまでもなく、生物の知識（光合成）、物理の知識（蒸気機関、原子力）などの知識の融合があります。またこれら最新の情報を入手するのには、英語が読めなければならないのです。そして、お金持ちになるには、豊かに生活するには、こういう分析的な仮説構築ができることが必要になってきます。別に受験のために勉強しているのではないのですよ。

日本の一人当たりのＧＤＰは世界25位

次に、日本の経済が世界でどの程度の位置づけにあるのかを見てみましょう。

２０１９年における名目ＧＤＰの総額ランキングは、１位が米国で、２位が中国。そし

主要国の一人当たりGDPの推移

1980年		1990年		2000年		2010年		2019年	
スイス	18,832	スイス	38,428	ルクセンブルク	48,736	ルクセンブルク	104,965	ルクセンブルク	114,705
ルクセンブルク	17,114	ルクセンブルク	34,645	日本	38,532	スイス	74,606	スイス	81,994
アメリカ	12,575	日本	25,359	スイス	37,868	アイルランド	48,715	アイルランド	78,661
ドイツ	12,138	アメリカ	23,889	アメリカ	36,335	アメリカ	48,468	アメリカ	65,298
イギリス	10,032	ドイツ	22,304	イギリス	28,150	シンガポール	47,237	シンガポール	65,233
日本	9,465	イギリス	19,095	アイルランド	26,241	日本	44,508	ドイツ	46,445
アイルランド	6,380	アイルランド	14,048	シンガポール	23,852	ドイツ	41,532	イギリス	42,330
シンガポール	4,928	シンガポール	11,862	ドイツ	23,636	イギリス	39,436	日本	40,247
韓国	1,715	韓国	6,610	韓国	12,257	韓国	23,087	韓国	31,846
中国	195	中国	318	中国	959	中国	4,550	中国	10,262

米ドル

て3位が日本です。この順位を指して、「**日本は世界第3位の経済大国**」と言われています。

　でも、ほんの10年前、米国に次ぐ世界第2位の経済大国の座を維持していたのは日本でした。それが2010年に中国と入れ替わったわけです。日本が再び世界第2位に返り咲けるかというと、なかなか難しいと思われます。何しろ中国の名目GDPに対して、日本のそれは3分の1強でしかなく、この10年で大きな差をつけられてしまったからです。

　それでも「世界3位なら立派じゃないか」と皆さんは思うかもしれません。でも、これを総人口で割って、「一人当たりGD

P」という数字を出してみると、がっかりします。

日本の2019年の一人当たり名目GDPは443万7000円になります。これを国際比較してみましょう。IMF（国際通貨基金）の推計値になりますが、日本は何位になると思いますか？　はいCさん。

「ええっと、10位くらいですか？」

残念ながら不正解です。

1位はルクセンブルクの11万4705米ドル、2位がスイスの8万1994米ドル、3位がアイルランドの7万8661米ドルです。そして日本は25位の4万247米ドルになります。25位です。ちょっとがっかりしましたね。

なお、日本の一人当たりGDPの推移を見ると、次のようになります。

2000年……3万8532米ドル（2位）
2010年……4万4508米ドル（17位）

２０１９年……４万２４７米ドル（25位）

日本の一人当たりＧＤＰは、金額自体は少しずつ増えているものの、その他の国と比べた時のランキングは、年を追うごとに後退しています。なぜならば、他の国がもっと成長しているからです。資本主義の世界において、経済は年々成長していくことが基本にあります。**現状維持は落ちていくことと同じ**なのです。

現在の日本経済は、かなり厳しい状況にあるのです。

日本に追いつかれたけど、ＩＴで復活した米国

なぜこうなってしまったのか？

序章で説明したように、自動車産業や家電産業で一時はアメリカに追いつくところまで行った日本ですが、時代の流れでその座は中国や韓国に奪われてしまいました。日本人の

給料が高くなってしまったので、人件費の安い中国や韓国の製品には価格競争で負けてしまうのですね。

本来であれば付加価値の高い製品やサービスを作り、売上を伸ばしてどんどん稼ぎ、従業員にきちんと給料を支払う。企業も個人もその稼ぎから税金を納める、そうして経済のパイを拡大していくというのが、正しい在り方です。

かつては日本発で世界中に広がった画期的な発明がいくつもあったのですよ。

今では世界中で当たり前になっている音楽を屋外で楽しむという行為は、ソニーが発売した「ウォークマン」で可能になりました。電子ゲーム機を最初に持ち運びできるようにしたのは任天堂です。インスタントラーメンを発明して世界的な商品に育て上げたのは日清食品です。しかしこの30年、日本から世界中の人々に喜ばれる発明は生まれたでしょうか?

一方、一時は日本に追い詰められた米国は、ＩＴ（インフォメーション・テクノロジー）という新しい産業を生み出して復活しました。今ではＧＡＦＡと言って、グーグル、アップル、フェイスブック、アマゾンといったＩＴ企業が世界をリードしています。

でも、ほんの20年前にはフェイスブックはありませんでした。グーグルやアップルやア

日本の発明

マゾンだって、吹けば飛ぶような小さな会社だったのです。

日本はＩＴの分野で遅れをとってしまいました。ＩＴに代わる新しい産業も見つけられていません。新しい産業を生み出せるかどうかは、今後の日本の大きな課題です。そしてそれは、君たちの肩にかかっているのですよ。

〝GoTo〟に群がるさもしい人々

ちなみに日本が高度経済成長した１９６０年代は、年10％程度の伸び率がありました。中国の経済成長率も今は６％程度に落ち着きましたが、２０１０年はやはり10％超の成長率を出していました。

経済成長率が高ければ高いほど、景気が好調ということになります。逆に、今の日本のように成長率が０・５％前後に止まっているような状況では、なかなか景気の良さを実感することができません。このまま一人当たりＧＤＰが低迷していけば、日本は二流国に転落してしまう恐れがあります。

どうすれば良いのでしょうか。

個人消費は伸びない。企業は設備投資に消極的。こうした中で頼れるのは政府支出だけだということで、公共事業（道路や橋を造ったりすること）をもっとやって**政府支出を増やせば良いのではないかという乱暴な議論**が出ています。

確かに政府支出を増やせば、ＧＤＰの総額は増えます。しかし政府だからといってお金をじゃんじゃん刷ることはできませんから、公共事業は借金をして行うことになります。公共事業を増やして一時的にGDPをかさ上げすることは可能ですが、その借金は誰が返すのでしょうか。Dさん、わかりますか?

「もしかして、私たちですか?」

そうです。皆さんの世代が返していくことになるのです。

日本はこれまで多くの政府支出を借金でまかなってきて、2020年度が終わる頃には国の借金は約964兆円にも達する見通しです。しかも、これに地方自治体や社会保障基金が抱えている借金も合わせると、総額で1400兆円を超えてしまいます。国民一人当たり約1000万円の借金ということです。

皆さんにはピンとこないかもしれませんが、例のGoTo騒動もその象徴だと私は思います。新型コロナウイルスの感染拡大によって休業を余儀なくされた旅行業や飲食業を救うため、2020年7月からGoToトラベルが、同年10月からGoToイートがスタートしました。すると何やらお得なキャンペーンが始まったぞという理解で大勢の人が群がりました。

これ、本当にお得なのかというと、全然そんなことはありません。ＧｏＴｏにしても各種給付金の類にしても、言うなれば自分たちの子供や孫の懐に手を突っ込んで、お金を引っ張り出しているだけのことなのです。

このように**国や地方が借金をどんどん増やして一時的にＧＤＰを押し上げるのは偽物の経済成長**であり、それを続けていると、どこかで限界を迎えます。

1000円の価値は1000円のままではない

世界が順調に成長しているのに日本の成長が止まっているため、相対的に経済的地位が落ちていることは理解できたでしょうか。でもこの事実を見ても、「いいじゃん、今のレベルの暮らしが続くなら大丈夫」と思っている人も多いはずです。この人たちは、お金の価値、とりわけ円の価値が相対的に変わらないと信じているおめでたい人たちだと思いま

円の価値を下げる２つの悪魔

すよ。
今、皆さんのお財布には1000円札が入っていますか？　このお札は1000円のモノと交換できるということで、1000円の価値があるとみなされています。皆さんは、1000円の値札が付いているモノは、ずっと1000円で買えると思っているのではないでしょうか。
ところが、1000円のモノは常に1000円で買えるわけではないというのが、リアルな経済の世界なのです。
お金の価値は相対的な信用で成り立っています。お金の価値、とりわけ君たちが持っている円の価値を奪うものに2つの要因があります。一つはインフレーション、もう一つは円安です。通貨はその信用が大事であると第1章で述べましたが、通貨（円）に対する信用が落ちると、同じ１０００円を持っていても買えるモノが少なくなってしまうのです。

インフレーションとデフレーション

インフレーション（インフレ）とは、物価が継続的に上昇する状態で、通貨の価値は下がります。たとえば、極端なケースでは、今日は１００円でりんご2個買えたのに、翌日には1個しか買えないという状況です。景気が良くなると、インフレが起こりやすくなります。インフレ時には、企業の売上が増加し、従業員の給料が増え、モノを買おうとする意欲が生まれる、という循環が生まれます。

一方、デフレーション（デフレ）とは、物価が継続的に下落する状態を言い、通貨の価値が上がります。皆さんも何となく聞いたことがあると思いますが、これまで日本は長年に渡って「デフレ」を経験してきました。

理由はいろいろあります。１９９０年代に入ってバブル経済が崩壊し、景気が悪化したこと。経済のグローバル化が進み、中国など人件費の安いところから輸入されるモノが増え、安い商品が増えたこと。そもそもモノが余っていること。お給料が増えないため少しでも貯めようという意識から消費が抑制されていること。老後の不安からお金を使わなくなっていること。挙げればきりがないのですが、**日本経済はバブルが崩壊してから30年も経つのに、物価はほとんど上がらず、状況によっては下がるというデフレを経験してきました。**

物価が下がると、相対的にお金の価値は上がります。同じ1000円で買えるモノの数量が増えるからです。バブル経済が崩壊してからの30年間、日本人はただ現金を握りしめているだけで、相対的にお金の価値は上がっていたのです。

「先生、モノの値段が下がることはいいことじゃないんですか」

そう思いますよね。そう思って当然だと思います。でも、モノの値段が下がるということは、企業の売上が減るということです。それはお父さんお母さんの給料も減るということにつながっていきます。モノの値段が下がる以上に、給料が減ってしまったら、結局貧乏になってしまいますね。

だから政府は、公共投資を増やしたり（財政政策）、世の中に出回るお金の量を増やしたり（金融政策）することで、人々のインフレ期待を高め、デフレ脱却を図る政策を採っていますが、いまのところ成功しているとは言えない状況です。

このままこのような政策を採り続け、国の借金が増え続けると、スタグフレーション、すなわち景気が悪いのにインフレが起こってしまうという最悪のシナリオになりかねません。これは給料が下がる中で物価が上がり、買えるモノが少なくなってしまうという現象です。

これを防ぐには、経済を健全に拡大することが必要です。財政政策や金融政策に頼ることなく、企業活動を自律的に活発化することで、経済のパイそのものを大きくしていくしかありません。現状維持などと呑気なことを言っていると、いずれインフレで現状維持すらかなわなくなるのです。

為替レートとは何か？

もう一つ、よく聞く言葉に「円安・円高」というものがありますね。たとえば、昨日は１ドルを買うのに１００円かかったのが、今日は１２０円になっていたら、「円安になった」と言います。

これは円の価値が相対的に下がったことを意味します。アメリカでコーラが１本１ドルだったとします。昨日は１００円で１本買えたものが、今日になったら１２０円持ってないと１本買えないということになるわけです。これが円の価値がドルに対して下がった（＝円安）ということです。

日本人の給料や貯金しているお金は、だいたいが円なので、円安になってしまうと、同じ金額で海外から買えるものが少なくなってしまいます。逆に円高になると日本円で買えるものが多くなります。

実際に１９７０年代前半に１ドル＝２５０円以上だった為替相場は、１９８０年代後半には１ドル＝１２０円まで円高になり、当時の日本人はパリやニューヨークなどへブラン

為替レート推移

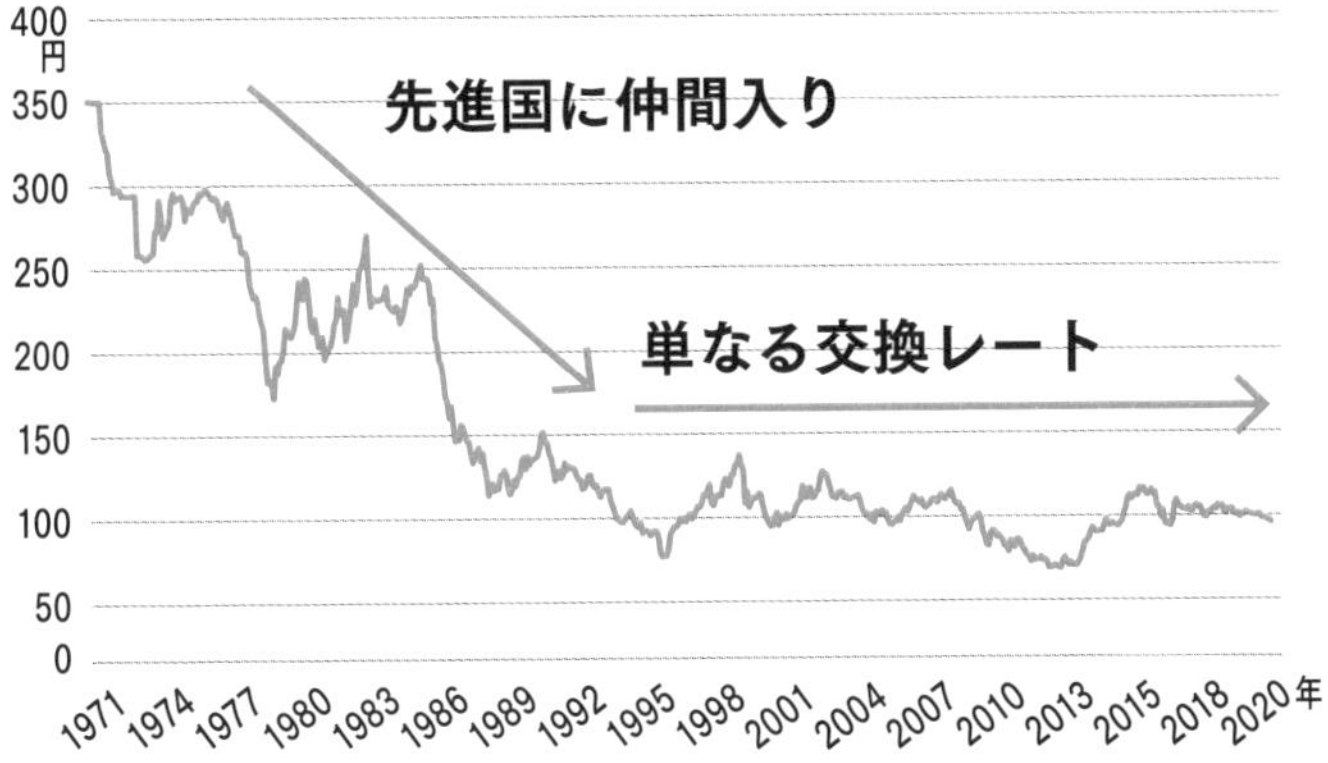

出所：Bloomberg

ド品を買いに殺到したのです。

ここ数年はアベノミクス以降の円安政策により、アジア人を中心とした外国人が「爆買い」するために日本に殺到しています。もっとも今は新型コロナで日本に来たくても来られませんけどね。

ではそういった通貨同士の交換比率（為替レート）はどうやって決まるのでしょうか。第1章を思い出してください。通貨は信用が命です。為替市場では自由に通貨を売買できるため、中短期的には通貨の需要と供給で大きく変動しますが、長期的には通貨同士の相対的な信用力、つまり通貨発行国同士の信用力で決まります。

たとえばドルと円の交換レートのように、**国の信用力が相当に高いもの同士の交換比率（円・ドルレート）は、ある一定のレベルから外れて円高や円安になり続けることはありません。**為替レートは2国間の通貨の購買力によって決定されるからです。たとえばアメリカでは1ドルで買えるハンバーガーが、日本では100円で買えるとすると、1ドルと100円の購買力は等しいので、為替レートは1ドル＝100円が妥当だという考え方（購買力平価）です。

先程紹介した1970年代から1980年代にかけての急激な円高は、発展途上国だった日本が高度成長期を経て、先進国の仲間入りを果たしたことで、日本の信用力が上がった結果に過ぎません。

時々「円が50円になる！」とか予言をする人がいますが、私の常識ではそんなことはありえません。もし本当にそこまで円高（100円→50円）になったら、アメリカに行けばハンバーガーが100円で2個食べられるということです。そうなったら私はアメリカに行っていろんなものを買いまくりますね（笑）。

もし本当にそこまでの円高になるとすれば、その時はアメリカの信用力が落ちて後進国になってしまうことを意味します。ですが、その確率は、日本が再び後進国に堕ちる確率よりは低そうです。

円安と円高、どっちがいい？

では円安と円高、どちらが良いのでしょうか？

新聞を読んでいると「円高＝景気悪化」と叫ばれていますが、本当でしょうか。確かに１９７０年代、１９８０年代前半の日本は、安い労働力を背景に、家電のような単純な工業製品を大量生産し、大量輸出するビジネスモデルでした。その時代は、円高になると日本製品の価格が外国人から見れば高くなってしまうので、輸出品の価格競争力が落ちてしまい、日本に不利に働いていたと言えます。

だから円高不況という言葉も使われました。しかし、80年代、90年代の円高不況を経験した日本企業は、工場を国内から海外に移しており、今では大量輸出モデルから脱却しています。結果として**現在の日本は、すでに輸出と輸入がほぼ同じくらいの規模になっているので、円高、円安どちらであっても国全体としてはそれほど大きな影響を受けることはありません。**一方、個人レベルの話になるとどうでしょうか？

円安が進めば、持っている1000円で買えるモノが少なくなります。とりわけ日本のように多くのモノを海外からの輸入に頼っている国で本格的な円安になってしまうと、輸入しているモノの値段が高騰してしまい「輸入インフレ」となってしまいます。

「拡大する世界、停滞する日本」を指をくわえて見ているだけだと、ますます相対的に貧しくなります。結果として日本の信用力が落ちていくのでジリジリと円安になっていくのではないか、と心配しています。

円安になったら海外から観光客が殺到してお金を落としてくれるからいいじゃないか、という人たちがいますが、私は素晴らしい日本の観光資源を単に「安物買い」をしたい外国人に売り渡すなんてもったいなさすぎると思います。そんな中身のない経済成長など長期的に持続するとは到底思えません。君たちは正しい経済知識を持って、正しい判断ができるようになってください。

お金の信用力が失われた時が一番怖い

このまま日本の経済がジリジリ下がり、本当に日本の信用力に疑問符がつくと、もっと恐ろしいことが起こります。

行き着くところは**ハイパーインフレ**です。インフレとはモノの値段が上がっていくことですが、通常のインフレとは比べ物にならないほど、短期間で急激に物価が上昇する現象を指して、ハイパーインフレと称しています。パン1個を買うのにカバンいっぱいのお札が必要になるようなことが起こりうるのですね。

なぜデフレが一転してハイパーインフレになるのか？　説明するとこういう流れになります。

①　国債（国の借金）が増えすぎる

ハイパーインフレ

② 日本は信用できないと感じた海外の投資家が、保有している日本円や日本の金融資産を大量に売ってしまう

③ 日本円の価値が急落し、輸入品の価格が急騰する

④ 国内のほとんどの商品の値段もその影響を受けて急騰する

日本も戦後、ハイパーインフレに襲われたことがありました。この時は国家予算の280倍という莫大な戦費を国債発行でまかなったことが原因で、終戦直後から一気に物価が上昇しました。インフレが落ち着いた1955年の物価水準は、開戦した

政府債務比GDP

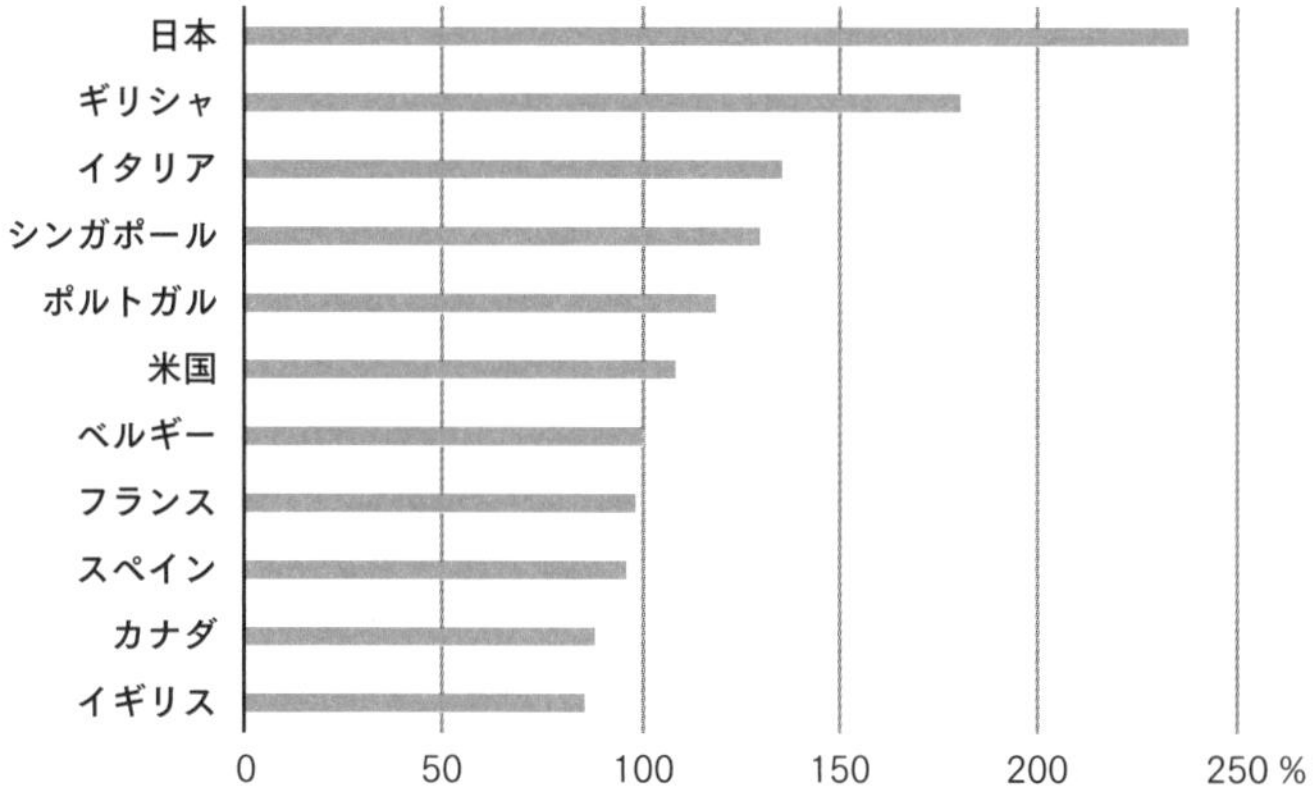

１９４１年に比べて１９５倍くらいになっていたそうです。

ハイパーインフレは決して歴史上の話ではありません。新興国では今もハイパーインフレに苦しめられている国があります。

たとえば中南米のベネズエラでは、２０１８年に13万%、２０１９年に９５８５％というハイパーインフレが起こりました。同国の通貨ボリバルは完全な紙《かみ》屑《くず》となり、治安は極端なまでに悪化しました。

前述したように、今の日本は国と地方自治体、社会保障基金の借金も合わせると、総額で１４００兆円超もの政府債務を抱えています。日本の名目ＧＤＰが平均で

500兆円だとすると、名目GDP比で実に280%になります。

ちなみに**ハイパーインフレにつながった太平洋戦争末期の政府債務残高の対GNP比は204%なので、それをはるかに超える借金を、現在の日本の国と地方は抱えている**ことになります。

それでもまだこれだけ低い金利で国債を発行し続けて借金を重ね、先進国とみなされているのはなぜかというと、**担税力**《たんぜい》があるからなのです。担税力とは、どれだけ借金を増やしたとしても、後々の人たちが税金などによって返済してくれるはずだということです。これが日本の信用力の高さを担保しているのです。

ただ、これは相当に危ういと思った方が良いでしょう。なぜなら今、日本は大きなリスクを抱えているからです。

それは自然災害です。特に**地震のリスクは相当に高い**と思われます。これだけ借金が多い状態のまま、たとえば南海トラフ地震が起こって、大都市圏に壊滅的な被害が生じれば、その復興には100兆円くらいの資金が必要になるかもしれません。

そうなった時、どこからお金を引っ張ってくるのでしょうか。新たに国債を発行するといっても、それを世界は許してくれるでしょうか。

私は「インフレが来る、円安が来る、地震が来る」とオオカミ少年のようなことを言うつもりはありません。しかし、頭の体操をしておくことはとても重要です。無用に怯《おび》える必要がなくなるからです。

「現状維持」は退行である

本章では、相対的に停滞する日本の現状を示しました。皆さんに健全な危機感を持ってもらいたいからです。

無用に恐れる必要は全くありませんが、日本経済は今、深刻な事態を抱えています。中には「現状維持でいいや」という人もいるでしょうが、そういう甘えたスタンスが許されるのは、乗っている船が前に進んでいる間だけです。

君たちが米国人や中国人であれば、現状維持の精神でも、30年後も豊かに過ごせているでしょう。それは国そのものが成長しているからです。でも君たちは日本人です。「現状維持」しようにも日本そのものは残念ながら30年前に動力を失ってしまっています。将来的に信用力を徐々に失っていく中で、日本国民が持っているお金も目減りしていく可能性が高いのです。「現状維持」は退行なのです。

ではどうすればよいのでしょうか？

答えは簡単です。これからも続く**世界の経済成長という船に乗れば良い**のです。世界経済はこれからも成長を止めることはありません。この大きな潮流に乗らなければ単純に損です。別に日本からアメリカに移住しましょう、と言っているわけではありません。

次章以降で私が述べていく「投資」という想像力や構想力を駆使した技術を使えば、簡単に国境を越えることができます。次章以降で詳しく述べますが、私のいう「投資」は金融資産の投資だけを指すのではありません。ここからが本番です。投資について一緒に学んでいきましょう。

chapter

03

投資ってなんだろう

あらゆる物事は投資である

停滞が続く日本において、将来的に多くのお金を得る手段の一つが投資です。でも皆さんは、投資なんて、自分には関係のない遠い世界の話だと思っているかもしれません。それは間違いです。皆さんは普段当たり前のように投資に接しています。というか、皆さんの**毎日のあらゆる物事は投資**であると言っても過言ではありません。

たとえば部活で卓球をしているとします。今日、放課後に友達からのカラオケの誘いを断って練習に行くという行動は投資です。友達の誘いを断って、あなたの時間を卓球の練習に使い、３か月後に予定されている大会で上位入賞を目指します。３か月後に本当に上位入賞できるかどうかはさておき、卓球に打ち込むことで何か貴重なものを得ようとしています。これは立派な投資なのです。

今、あなたはマクドナルドでバイトをすれば、時給１０００円くらいはもらえるでしょう。あなたはこのバイトを２時間やり、稼いだ２０００円で友達とバーミヤンで２時間食事をします。もしこの４時間という時間を英検１級をとるために勉強し、見事合格したとしましょう。あなたの今後のバイト単価は、英語を使える職業を選ぶことでおそらく3倍に跳ね上がることになります。それも今後半永久的に。

たしかに今得られるバイト代と友達との楽しい2時間を犠牲にしなければならないかもしれません。友達と過ごす時間ももちろん大切ですから、食事会に行くなと言っているのではありません。でも英検1級の選択肢をも考慮した上で「マクドナルドでのバイト＋バーミヤンでの食事」という行動を選択しましょうね。

要するにすべては「選択」なのです。

広い意味での投資とは**「現在の資産（時間、才能、お金）を投下することで、将来的により大きな資産（時間、才能、お金）を得ようとすること」**です。今、我慢することで、将来、より大きな何かを得ようとすること、と言い換えてもいいかもしれません。

現在の保有している資産（時間、才能、お金）を何に投下するのか？

自分自身に投下することを「**自己投資**」といい、自分以外の何かに投下する手法の代表的なものが、私が提唱する「**長期株式投資**」といえるでしょう。

ここで耳慣れない「資産」という言葉が出てきたので説明します。一般的には資産とは金融資産（銀行預金、保険等）、不動産（土地等）、動産（自動車等）を指すことが多いです。もちろんそれらの資産も当然に資産なのですが、若い君たちにはもっと重要な資産があると考えています。

時間、才能、お金という資産

時間

これはすべての人間に平等に与えられているもので、他のすべての資産の源泉になるものです。他のすべての資産の源泉であると同時にゴールでもあります。人間の幸福はすべてこの「時間」をどう使うのかに関わってくるのです。一定程度、お金や才能で時間を買う（節約する）ことはできますが、本来的に有限なので、最も貴重なアイテムです。

才能

持って生まれた才能というものもありますが、一般的に才能は時間（とお金）を投下す

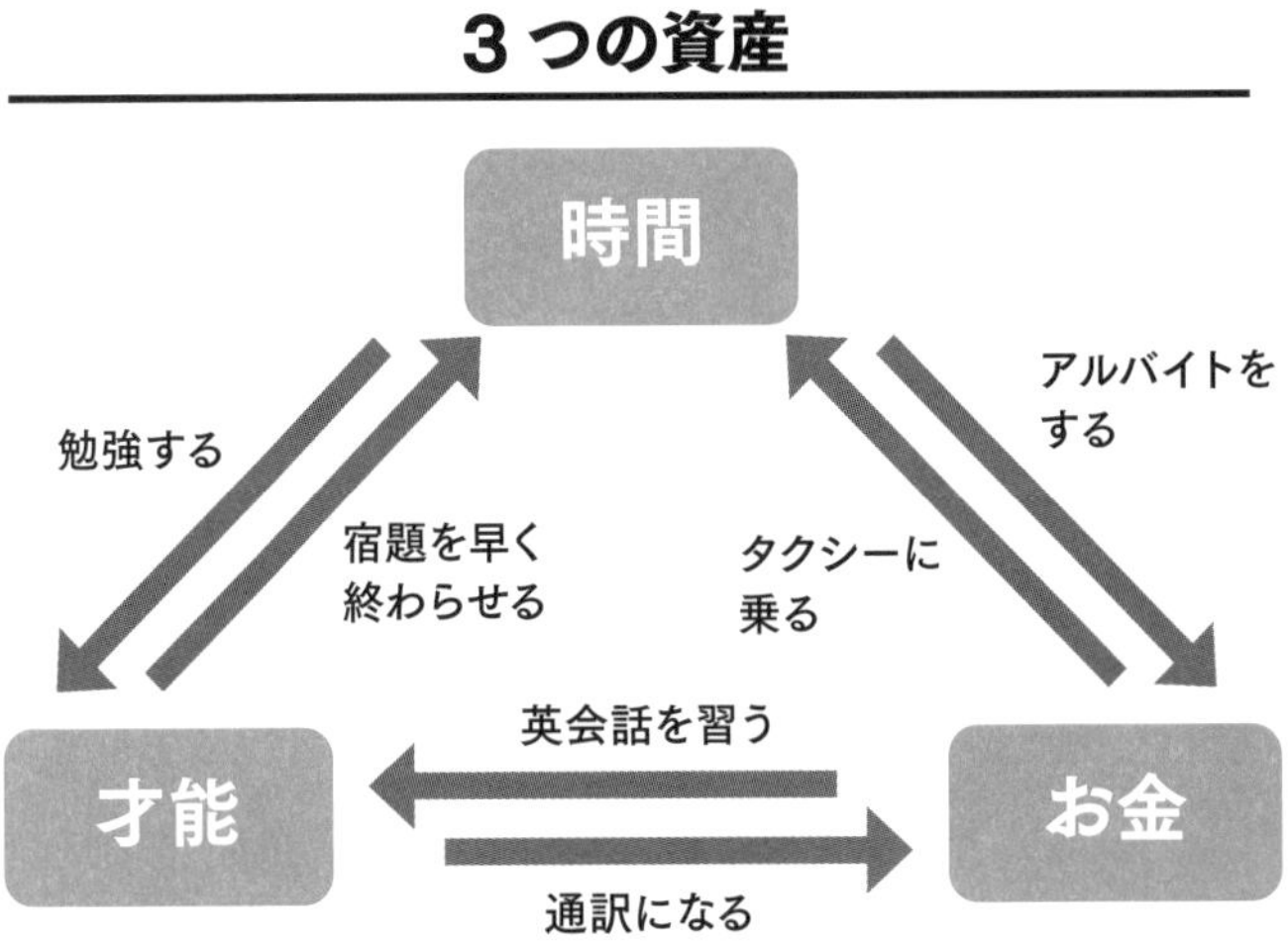

ることで、累積的に増大します。基本的に一度手に入れた才能は、その後の人生において繰り返し使うことのできるアイテムであり、アップデートさえ惜しまなければ、どんどん高めることのできる強力なアイテムです。

お金

このアイテムは第1章で述べた通り、交換機能と保存機能を持ち、この機能のおかげで別の才能を持った全く知らない人を効果的に動かすことができます。後で述べる株式投資もこのお金というアイテムを使って別の才能を動かす手法の一つです。また第4章で述べる「複利」というエンジンを使うことで自己増殖します。

これら3つの資産はある程度交換可能です。自己投資というものはこれら**3つの資産を使うことで、自分という道具をより高め、将来的により大きな資産を手に入れる**ことを目的としたものです。

君たちがなにげなく行っている行動が、実はすべて資産配分の決断、すなわち投資なのです。資産配分（＝投資）をどのように行うのかで、将来的に君たちが得られるものが大きく変わってきます。いかに意識的に、主体的にこの行動をコントロールするのかで、君たちの将来すらも左右されるということなのです。

ではどのようにその資産を配分すれば良いのでしょうか。ここで「有能の境界」という考え方を紹介したいと思います。

変えることができるのは「自分」と「未来」

ウォーレン・バフェット氏は、投資銘柄の選別において、自分が理解できるビジネスのみに集中し、わからないものには投資しません。皆さんが生まれる前ですが、99年から2000年にかけて、インターネットバブルというものが世界中で起こりました。まだインターネットが普及し始めたころに、インターネット関連銘柄だというだけで、全く利益を上げていないような企業であっても、ものすごく高い株価が付きました。投資家の買いが殺到したんですね。

当時のインターネット企業のビジネスモデルが理解できなかったバフェット氏は、そのような企業に一切投資しませんでした。そのような企業群の株価がどんどん上昇する中で、取り残されたバフェット氏は「ついにバフェットも終わったな」と数年間も非難されたのです。

しかし、2000年12月にはその種の企業がまともな利益を叩き出せないことが明らかになる中で、ネット企業の株価は暴落を始めます。結局は投資の神様バフェット氏の見立てが正しいことが判明したのでした。バフェット氏は、**自分の能力の範囲内（Circle of Competence）**に集中することで、このインターネットバブルに捕まらなかったのです。

バフェット氏の「Circle of Competence」という考え方は、人生における投資にもあてはまると思います。私たちの身の周りには自分ではどうにもならないものがたくさん存在します。たとえば、日照りが続いているからといって、雨乞いの踊りをしても科学的にはどうにもならないことを私たちは知っています。またエレベーターがなかなか来ないからといって、ボタンを連打しても速く来るわけではありません。半面、3か月後の卓球の試合に備えてできることはたくさんあるでしょう。

このように**自分が頑張ってもどうにもならないことと、自分が影響を与えられることとの間には、「主体性」を切り口として明確に線を引くことができます**。この境界線のことを私は「有能の境界」と呼びますが、この境界を意識することが、気持ちよく生きていくためにはとても重要です。自分ではどうしようもないことに気をもんでも何も変わらないし、時間の無駄です。

Circle of Competence（有能の境界）

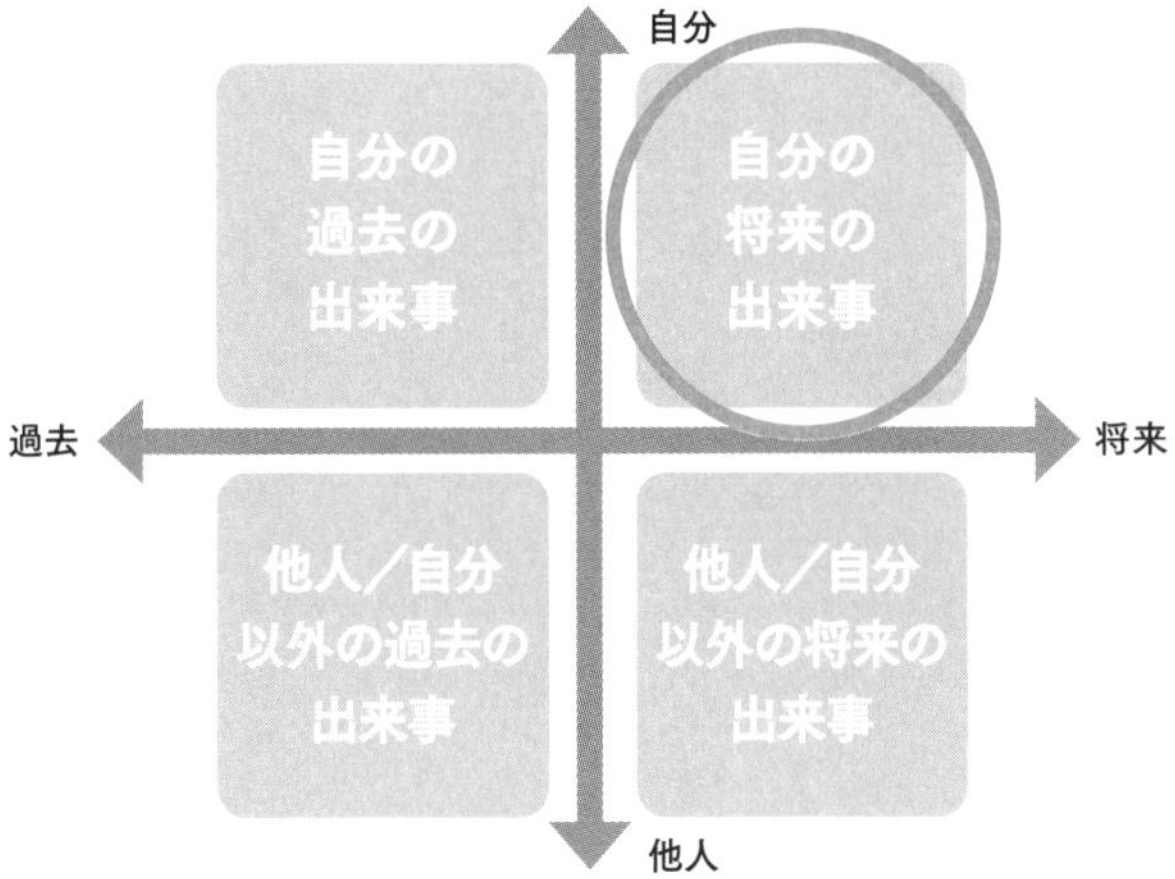

横軸に「将来」「過去」を、縦軸に「自分」「他人、自分以外」をとると、すべての事象は4象限に分けることができます。

自分以外の過去の出来事（左下の象限）

たとえば、芸能人の不倫ネタなどがこれに当たります。これはもう、完全にどうでも良いことです。人生のうちでほんの数秒でも時間を使わないことをお勧めします。

自分に関わる過去の出来事（左上の象限）

恋人に振られた、試合に負けた、などの

出来事がこれに該当します。起きてしまった過去の事実はどうしようもありません。これを将来に活かせるかどうかは自分次第ですが、起こってしまったことをクヨクヨしても後の祭りです。切り替えましょう。

自分以外の将来（右下の象限）

他人に影響を及ぼすことは可能かもしれませんが、他人が考えていることをコントロールすることは不可能です。たとえどんなに親しい友人であったとしても他人であって、その人の人生はあなたのものではありません。たとえ家族でも本当に突き詰めれば他人です。現実的には、この象限との向き合い方が一番難しいところではあります。

自分に関わる将来（右上の象限）

これこそが自らの才能・時間・お金という自分の資産を全集中投下するべきところです。ここに集中して投資することによって文字通り人生が大きく変わります。特に若い君たちの才能はこれからいかようにも伸びていきます。一日中運動していたとしても、徹夜して勉強したとしても、少し休めばケロッと回復します。インプットしたものをどんどん吸収できるのは若いうちだけです。

自分自身という道具、クワを研ぎ澄まして、どんどん人生という土壌を耕し、豊かな作物を収穫する、これこそが自分に投資するということの意味なのです。世の中の大半の問題は、自分がコントロールできない分野にまで、関心を広げてしまうことから起こるのです。

「有能の境界」という考え方は、人生における優先順位を考える上で役に立つと思います。**コントロールできるのは自分の将来のみ**です。これに気づくことなく、自分自身ではどうしようもない境界の外にある物事に足を取られ、過去に引きずられ、他人（親や教師、先輩、苦手な人）に言われるままの人生を生きれば、相当の確率で失敗します。

仮に成功できたとしても、それは自分の人生ではありません。他人の人生を生きるのはまっぴらごめんではありませんか。自分自身の人生のオーナーになりましょう。

自己投資を徹底的にやり抜け！

先日、ある高校でこのような話をしたところ、ある高校生から「では、いったい何に自分の資産を投下すればよいのでしょうか」という質問を受けて、私は絶句しました。

それを自分の頭で考えてほしいと言ったのに……。それが自分のオーナーになるということなのです。

しかし、私自身を振り返ってみると、高校生の時には自分が何をやりたいのか全くわかっていませんでした。皆さんを責めることはできませんね。ならばなんとアドバイスすべきなのでしょうか？

それは、「**好きなことをやってください**」ということです。

投げやりになって突き放しているわけではありません。結局自分の好きなことしか続かないからです。それが野球であれ、卓球であれ、ギターであれ、勉強であれ、何でもよいのです。

ただ、一つ言えることは、「**徹底的にやり抜く**」ということです。最近の運動系の部活では「ちょっと仲間と楽しみたい」とか「身体を動かすのは気持ちいいよね」的な取り組みになっているものも多いと聞きます。そういった活動を否定する気は毛頭ありませんが、私は何かに打ち込むことがとても重要だと思います。そして苦しくても最後までやり抜くことがそれ以上に肝要だと考えています。

何でもよいので真剣に取り組むことが、たとえうまくいかなかったとしても何か別のリターンを生んでくれるのです。

投資の成功とは、現在投下した以上の何かを得ることです。投資において成功するには、将来得るその「何か」にこだわらなければなりません。成果と言ってもいいかもしれません。勉強ならテストの成績だし、部活なら試合の勝敗です。成果に対するこだわりのないところに、意味のあるリターンはありません。

どんなに頑張ったとしても、最終的に望んでいた成果は得られないかもしれません。なぜなら勝負は時の運だからです。しかし「やり切った人」とそうでない人には、その結果以外の部分で得られるものに雲泥《うんでい》の差があります。**結果はどうあれ、成果にこだわりやり切った人にしか見えない何かがある**のです。

私の会社で中途採用をする時には、その求職者の持っている技術や性格はもちろんですが、前職での経験年数を重視します。どんなに素晴らしい技術を持っていても、前職を1年未満で転職をしているような人材は採用しません。どんな状況であってもやり抜く、やり切るということが重要だと考えているからです。「石の上にも3年」ということわざの通りです。

株式投資のすすめ

自分という道具、クワを研ぎ澄まして、将来の稼ぎを増やすという自己投資以外に、自分以外に働いてもらうという発想もあります。何しろ自分自身の時間という最重要な資産はどう転んでも1日24時間しかありません。自分自身以外に働いてもらうという発想は、この「時間」という資産を拡張させるものです。君が寝ている時間にも働いてもらう、そんな発想です。たとえば次の3つが考えられます。

- 銀行に預ける
- 不動産に投資する

・株式に投資する

かつては銀行に預けておけば、お金は年に何%かは増えていったものです。だから皆さんの親の世代は「貯金しろ」と呪文のように言うのです。しかし**銀行の金利は下がり続け、今ではほとんどゼロに近い**のです。何十年預けておいても、ほとんど増えません。

不動産投資は、ある程度の元手がないと始められません。借りてくれる人を探したり、建物を修繕したり、何かと手間もかかります。今の日本で家賃が上がり続けるということも考えにくく、自分以外に働いてもらうという意味でも、資産を増やすという意味では魅力的な投資対象とは言えません。

その点、株式投資は他の金融資産に比べて魅力的だと思います。私の専門分野でもありますので、続いて株式投資について述べたいと思います。

株式に投資するということは、自分よりも優秀な経営者や、素晴らしいビジネスモデルを持つ企業に働いてもらうことです。かつては株式投資というのはお金持ちのやることでしたが、今では**インターネットでも株を買えますし、かなり少額からでも買える**ようになってきました。高校生の皆さんは、お年玉をストックしておいて、大学生になったらすぐに始めてみるのも良いかと思います。

株とは何か？

企業を成長させていくにはお金が必要です。新しい工場の建設だったり、増やした人員の給料だったり、大々的にＣＭを打つ宣伝費だったり、いろいろと資金がかかります。企業がこういったものにお金を使うことを「**事業投資**」と言います。

事業投資に必要なお金を外部の企業や人から集め（出資を受け）、事業を行って利益を稼ぎ出す仕組みを「株式会社」と言います。株式とはその企業が稼ぐ「利益」を出資割合に応じて得る権利です。

第1章で説明したように、「お金とはありがとう」のしるしです。多くの人の役に立って、たくさんの「ありがとう」を集めることができる企業は、たくさんの利益を稼ぎ出すことができます。つまり、企業とは、「ありがとう」をたくさん集めて利益を上げるしくみ、エンジンのようなものだと言い換えることができます。

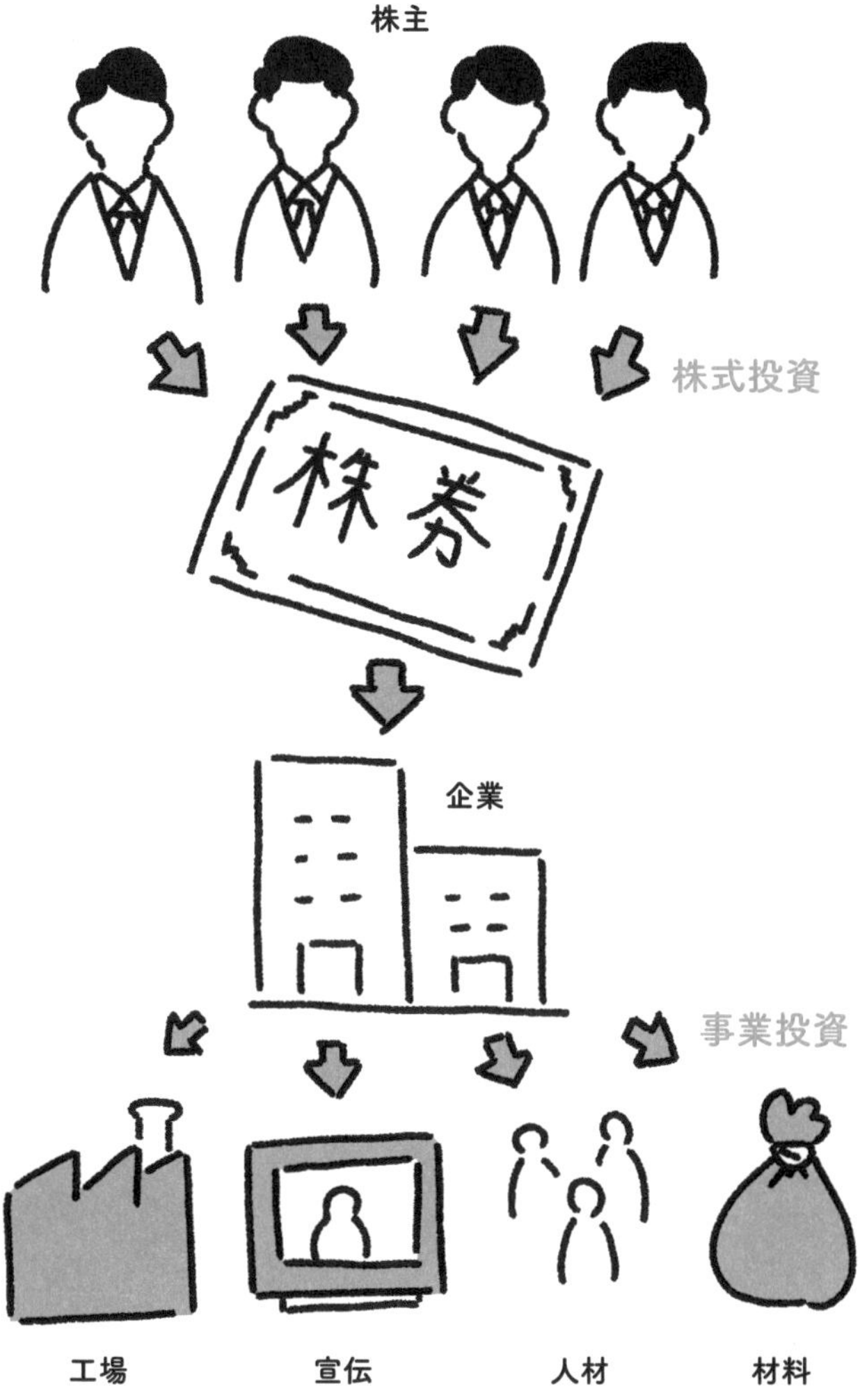
株主
株式投資
株券
企業
事業投資
工場
宣伝
人材
材料

そうやって稼ぎ出した利益を企業は株主に配ってしまうこともできますし（＝配当）、その利益を会社の中にいったん溜めておいて（＝内部留保）、より大きく利益を出すために新たな工場を建設したり、従業員を採用したりといった事業投資に回すこともできます。つまり企業が内部留保で事業投資するということは、稼ぎ出した利益という燃料をもう一度自らのエンジンに投入して、さらに大きな出力を出すことだとイメージしてください。

一方、お金を出すことで株式を保有し、その企業のオーナーになる人を「**株主**」といいます。株主はお金をその企業に預けることで、**その企業に稼いでもらう**というわけです。つまりオーナーである株主から見れば、「配当」とは、その企業が稼ぎ出した利益の一部を今のお金として受け取る行為であり、「内部留保」とは引き続き出資先の企業に預けてさらに将来大きく稼いでもらうということを意味します。

日本には約200万社の株式会社があるうち0・2％未満にあたる約3800社が「上場」しています。「上場」とは、証券取引所で株式が売買できるように公開することを指し、その株式を発行している企業を「**上場企業**」と呼びます。つまり、これらの上場企業については、毎日自由に証券取引所で売買できるので、お金さえあればいつでも、それらの企業の株主、オーナーの一人になることができるということなのです。

たとえば、証券取引所で売買されているトヨタ自動車の株式を買うことで、約60万人いる株主、オーナーの一人となり、トヨタ自動車が稼ぐ利益を出資割合に応じて受け取る権利を持つのです。別の言い方をするなら、君たちは株式を買うことで、トヨタ自動車に稼いでもらうことができるということです。

トヨタ自動車は、君たちを含めた株主から預かったお金で稼ぎ出した利益を配当という形で一部を株主に返すのか、より大きな工場を建設したり、新しい車を開発したりするお金に回すこと（内部留保による事業投資）を選ぶことができます。そのように会社は稼いだお金を次の成長のために回すことで、将来、より大きな利益を上げていくんですね。

だからオーナーとしては、大事なお金を預ける先の企業が、強い稼ぐ力を持っているのかどうか、本当に成長できるのかどうかを見極めることがより大事なのです。

投資と投機は違う

株式には日々価格（株価）が付いていることは君たちも知っていると思います。では、株価はどうやって決まるか知っていますか？

はじめに押さえておいてもらいたいのは、株式にも「価値」と「価格」があり、その2つは必ずしも一致しないということです。どういうことか説明しますね。

まずは株価の話です。株式市場という場所には、株式を取引したい人たちが毎日集まってきます。ある株式を買いたいと思う人が多ければ株価は上がり、逆に売りたいと思う人が多ければ株価は下がります。需要と供給ですね。

また、たとえば「これからどうも景気が悪くなりそうだぞ」というニュースが出ると、市場参加者がみな弱気になり株を売るので、全ての企業の株価が一斉に下がったりします。要は、日々の**株価というのは株式市場に参加している人たちの「気持ち」で決まっているんですね**。とても不安定なのです。

次に「価値」の話をします。先ほど、株式とはその企業が稼ぐ「利益」を出資割合に応じて得る権利だと説明しました。これが理論上計算される株式の「価値」です。つまり、企業が将来に渡って稼ぐ利益が増えていけば理論価値は上がり、稼ぐ力が弱まって利益が減れば理論価値は下がるということです。

株価は時に気まぐれな市場参加者の気持ちで動くので、中短期的な株価は必ずしも理論値である理論価値とは一致しません。たとえばアメリカの大統領選挙の結果によって、全く業績に影響を受けない日本のスーパーの株価が下がるというようなことがわりと頻繁《ひんぱん》に起こります。ただ、**長期的には株価は必ず理論価値を反映します。**実際に企業の通信簿である決算書が出て、利益の額が明らかになれば、「大統領選挙なんて全然関係なかったんだな」ということにみんな気づくわけです。

そして、本当に強い企業は第4章で説明する「複利」の力を使いながら、時間とともに指数関数的にこの理論価値を増大させることができます。

私は投資のプロとして、その株式の理論価値がいくらなのか、つまりその企業がどれくらい稼ぐ力を持っているのかを日夜分析しています。長期的にその企業の利益が成長し続けるかどうかは、冷静に判断すれば見極めることができます。

一方で、中短期的な市場参加者の気持ちを予測することは難しい、というより不可能です。「予測」している本人はもう少し高尚なことをしているつもりでも、コインを投げて表か裏かを言っているレベルでしかありません。私に言わせればただのギャンブルです。それは**投資ではなく投機**です。

私はギャンブルが悪いなどと言うつもりは毛頭ありません。大事なことは、ギャンブル

株価と理論価値

株価	理論価値
市場で付く現実の値段	利益予想から算出される理論値
需給・市場参加者の気持ち	将来その企業が紡ぎ出す利益の総額
買いたい人＞売りたい人：上昇	利益上昇⇒理論価値上昇
買いたい人＜売りたい人：下落	利益減少⇒理論価値下落

※両者は中短期的には乖離するが長期的には収れんする

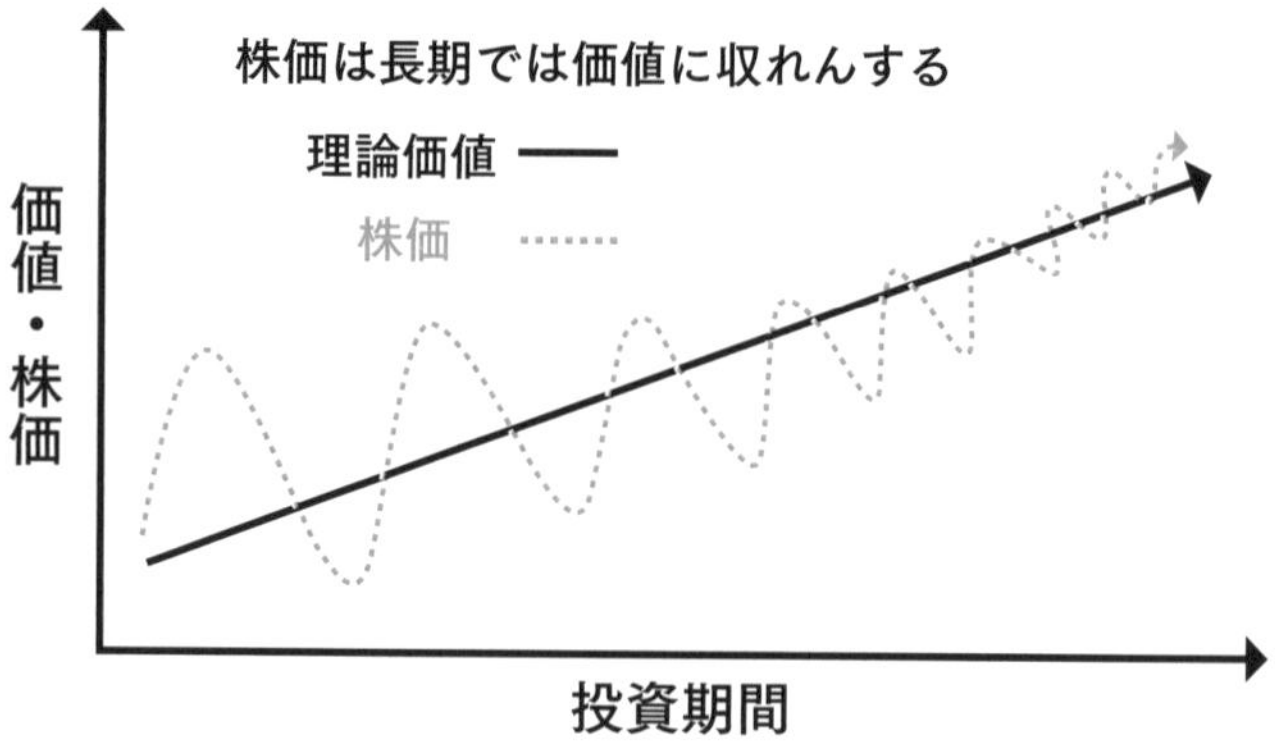

をしている時は「あぁ、自分はギャンブルを楽しんでいるんだ」という自覚を持つことです。ギャンブルは脳内物質であるアドレナリン、ドーパミンがドバァっと出ます。極度なドキドキワクワクを買っているという観点では完全な「消費」なのです。ですから皆さんが、将来デイトレード（日々の株式の値動きを見て買ったり売ったりして儲けようとすること）を行う時は、自分の貴重な時間とお金を「消費」しているのだという自覚を持って、「楽しんで」くださいね。

株式投資のメリットはお金だけではない！

株式投資のメリットとは何でしょうか？　一つはもちろん金銭的なメリットです。自分が寝ている間も投資先のビジネスモデルが働いてくれます。もし自分がけがをして会社に行けなくなっても働いてくれます。リストラされても働いてくれます。いわば別の財布を持つことになるのです。これは自分が働くということが抱えているリスクを減らしてくれます。

もう一つは、**自分自身の才能という人生を耕す道具、クワとの相乗効果**です。株式投資をする場合には、経済動向や事業の経済性について、考えることが必要になります。これは君たちが社会人になり、ビジネスパーソンとして働き始めてから必要になる能力と同じです。このような思考回路がないビジネスパーソンは勤めている企業からリストラされてしまいます。

もちろん仮説を立てて投資するということは簡単ではありません。最初からうまくいくとは思えません。ただ失敗を通じて、何度もバットを振っていると、少しずつかするようになります。それは実際のビジネスも同じことなのです。

だからこそ、自分で株式投資をしてオーナーになるという行動は、ビジネスパーソンとして働くこととの美しい相乗効果が見込めるのです。

けた違いの大金持ちになるたった一つの方法

最初にA君は「お金持ちになるにはどうしたらいいのか」という質問をしてくれましたね。ここで「けた違いの大金持ち」になる方法を教えます。

それは、**自分で会社を起こす、つまり起業する**ということです。

アマゾンの創業者であるジェフ・ベゾスの資産がいくらであるか、知っていますか？約19兆円です。リッチすぎて想像もつきませんね。日本電産の永守重信会長は、28歳の時、自身の持っている時間、才能、少しばかりのお金をすべて「回るもの、動くもの（モータ）」に投資した結果、現在時価総額8兆円を超える企業グループを創り出し、自らも個人資産1兆円のお金持ちになっています。

すでにある会社に入社して、少しずつ出世して、仮に運よく社長になれたとしても、もらえる給料は一般社員の何倍かです。資産も数億円どまりです。

世界の長者番付

順位	名前（国籍）	資産額	業界
1	イーロン・マスク（米国）	21兆円	IT
2	ジェフ・ベゾス（米国）	19兆円	IT
3	ビル・ゲイツ（米国）	14兆円	IT
4	ベルナール・アルノー（フランス）	12兆円	衣料
5	マーク・ザッカーバーグ（米国）	10兆円	IT
6	ウオーレン・バフェット（米国）	9.5兆円	投資
7	鍾睒睒（中国）	9兆円	飲料
8	ラリー・ペイジ（米国）	8.7兆円	IT
9	セルゲイ・ブリン（米国）	8.4兆円	IT
10	ラリー・エリソン（米国）	8.4兆円	IT
⋮	⋮	⋮	⋮
27	柳井正（日本）	4.7兆円	衣料

（2021年、Bloomberg調べ）

一方、自分で事業を起こせば、創業経営者であると同時に最大の株主として、その事業全体から得られる収益の何割かは常に自分に入ってくるようになります。**事業が大きく成長すれば、けた違いの収入と資産が得られる**のです。

起業するということは、自分の才能と他人の才能を掛け合わせ、その相乗効果を使って、世の中に価値を提供する究極の投資です。だからこそ、うまくいった時のリターンはとてつもなく大きいのです。なぜなら第4章で述べる複利効果というエンジンにより、雪だるま式に企業価値が膨《ふく》らんでいくからです。これは単純な株式投資では得られないものです。

規格外の大金持ちはみな、自分の才能と時間をすべて自らの事業に賭けた人たちです。
サラリーマンで大金持ちになった人はいません。
世の中を変えるくらいの大きな夢を、若い君たちには持ってほしいのです。
投資で未来を変えていきましょう。未来を変えていくのは、君たちなのです。

chapter

04

「複利」という強力なエンジン

アインシュタインは「複利は人類最大の発明である」と言った

お金を金融機関に預ければ「利子」が付きます。「利子」が付くことを「金利」と言います。そして金利の考え方には「単利」と「複利」があります。

複利の話というと必ず取り上げられるのが、相対性理論を発表した天才物理学者、アルバート・アインシュタイン博士の言葉ですね。

「複利は人類による最大の発明だ。知っている人は複利で稼ぎ、知らない人は利息を払う」

もっとも、これを本当にアインシュタインが言ったのかどうかは確認されていません。もしかしたら都市伝説かもしれませんが、それだけ「複利」というのは投資において強力なエンジンになるということです。

私が銀行員だった30年前は、まだまだ金利が高かった時代でした。5年物の債券（国や会社などが投資家からお金を借りた証明として発行する券）で金利が年7％とか8％ということもあって、この債券を持っているだけでお金が増えたのです。

たとえば100万円の元本（元手となるお金）を年7％で1年間運用したら、利息は7万円です。ということは、**10年間で70万円の利子がつきます**（実際にはここから税金が引かれるのですが、話が複雑になるのでここでは省きます）。これを「単利」と言います。

これに対し、**毎年発生する利息を順次元本に組み入れて利息計算するのが「複利」**です。同じ条件で1年間に発生した7万円の利息を複利にするとどうなるか計算してみましょう。これは、一発で計算できる計算式もあるのですが、複利がどういうものかを理解してもらいたいので、1年ごとの計算式を出してみます。

1年目……100万円×0・07＝7万円
2年目……（100万円＋7万円）×0・07＝7万4900円
3年目……（100万円＋7万円＋7万4900円）×0・07＝8万1143円

単利で計算される場合は、毎年100万円に対して7万円の利息が発生するだけですが、複利の場合だと、2年目は1年目に発生した7万円の利息を元本に組み入れた107万円に対して7％の利息が計算されます。そして3年目は、1年目と2年目の利息を加算した114万4900円が新しい元本になり、それに対して7％の利率で利息計算が行われます。

この計算方法だと、利率は同じでも、運用期間が長くなるほど大きく元本が膨らんでいくため、単利で計算されるよりもお金が増えやすくなります。

この条件で10年間、単利運用した場合の利息は70万円ですが、複利運用した場合、利息額は約100万円になります。単利運用に比べて複利の方が約30％も有利になります。最初の元本100万円が複利だとほぼ倍の約197万円に膨れ上がり、一方、単利だと1・7倍の170万円になるということです。

単利は直線的にしか利息が増えませんから、仮に同じ条件で20年運用したとしたら、利息は140万円、30年運用したとしたら利息は210万円です。

ところが、**複利の場合は年数が長くなるほど利息も跳ね上がります**。7％の複利だとだいたい10年で倍になります。さらに20年なら約287万円、30年なら661万円を超えます。時間の経過とともに差が大きくなっていくのです。単利との差は時間が経てば経つほ

単利と複利

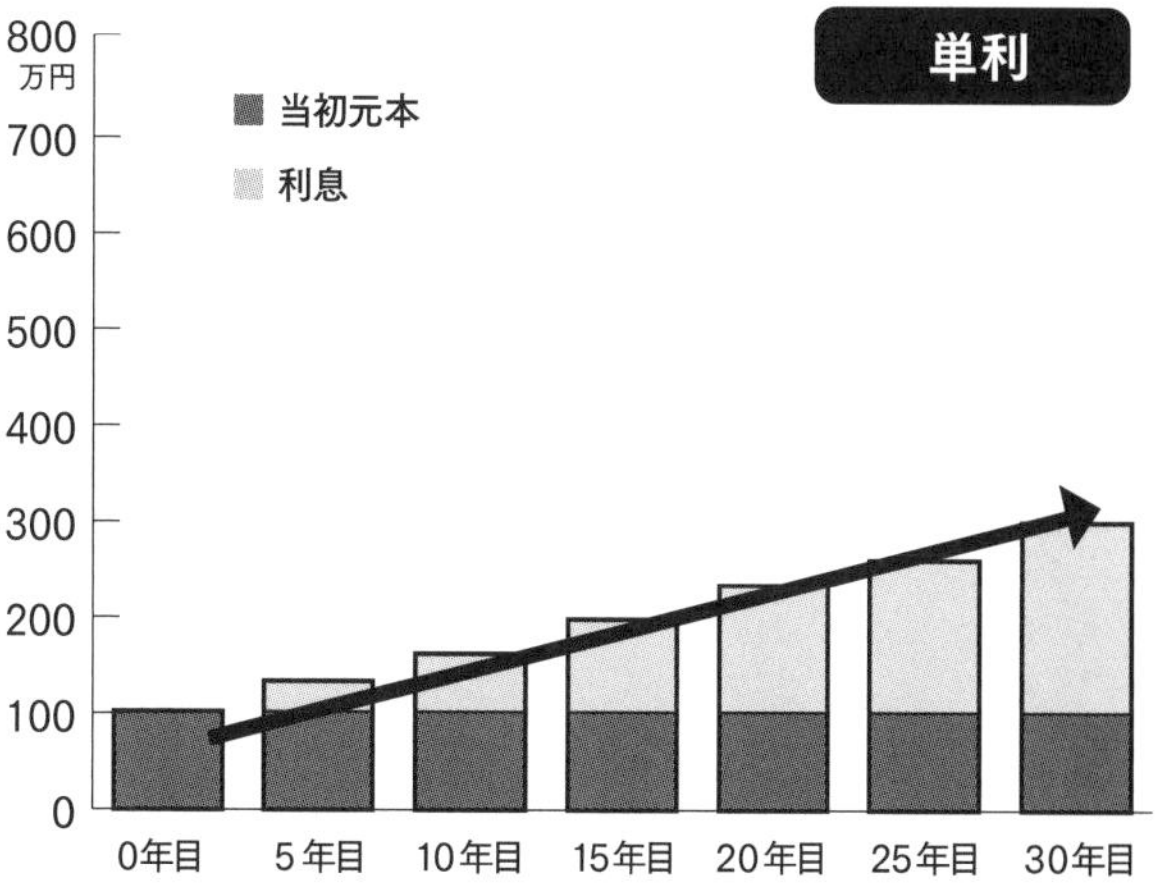
単利
800
万円
700
600
500
400
300
200
100
0
当初元本
利息
0年目
5年目
10年目
15年目
20年目
25年目
30年目

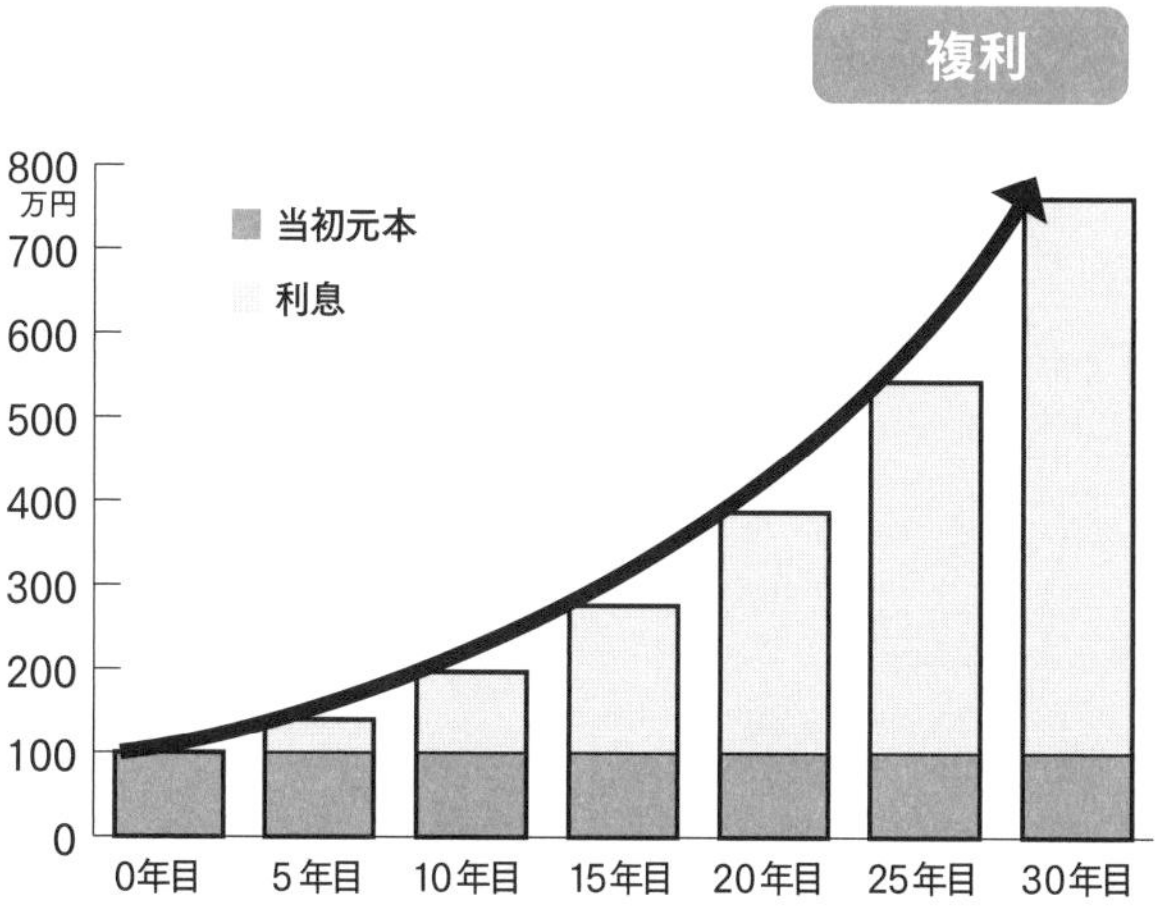
複利
800
万円
700
600
500
400
300
200
100
0
当初元本
利息
0年目
5年目
10年目
15年目
20年目
25年目
30年目

ど歴然で、このような現象を「雪だるま」と表現します。

皆さんのおじいさんおばあさん世代が熱心に銀行預金や郵便貯金をしていたのは、こういう理由があったのです。銀行預金は複利計算されて増えていくので、ある程度の金利があったころは、それこそ「雪だるま」式に増えていったのです。

今、銀行に預けてもお金は全然増えない

でももしかしたら高校生の皆さんは、銀行にお金を預けると「金利」というものが付くということ自体を、知らないかもしれませんね。なぜなら、皆さんが生まれたころには、日本国内ではほとんど金利がなくなっていて、その状況が今も続いているからです。

２００３年から２００５年あたりに生まれたとしたら、当時のすべての金利の基準となる「基準割引率および基準貸付金利」の水準は０・10％から０・40％程度です。この基準金利を参考にして銀行の預金金利などが決められていましたから、すでに当時から「**銀行にお金を預けても全然増えない**」という状況になっていたのです。

今、5年物の定期預金に預けた時の利率は年0・002％ですから、100万円を5年間預けても、満期時に得られる利息は100円です。5年間も預けて、100万円の元本で100円の収益しか生まないなんて、もはや金融商品とは言えません。単なる貸金庫ですね。

こんな状況が20年以上も続いているわけですから、「複利」の話をしてもいささか虚しい感じはします。

でも心配することはありません。こんなに金利が下がってしまった今でも、きちんと複利が働くところがあります。それが次に説明する「理論価値の複利効果」です。

理論価値（企業価値）の複利効果

第3章で株式の「価値」と「価格」の違いについて説明しました。その株式を発行している企業が将来的に稼ぎ出す利益を予想することで、「理論価値」は計算できます。日々、株式市場で付いている株価は「価格」ですが、株価は長期的にはこの理論価値というものを反映します。

強い企業は複利で価値を増大させる

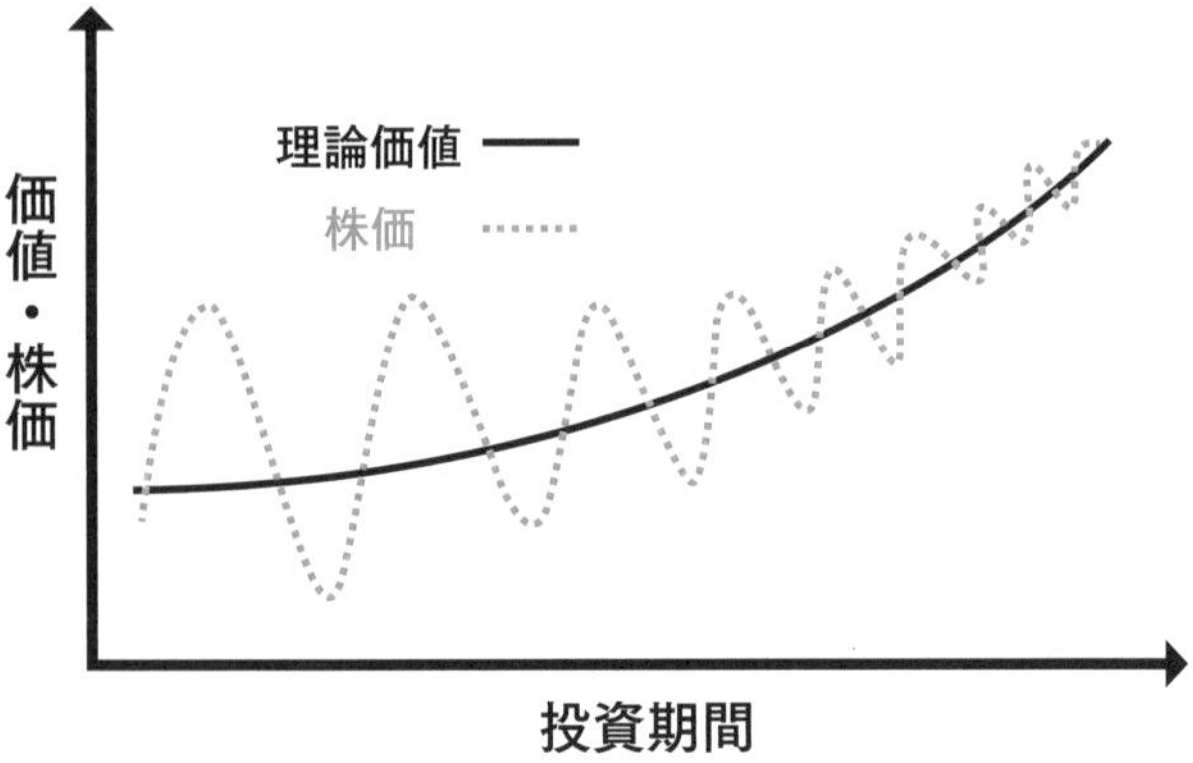

厳密な話は省略しますが、企業価値は、その企業が将来的に叩き出す利益に比例して増加したり、減少したりします。要は、その企業が利益を稼ぐ力が将来的に強まっていくなら企業価値は増大し、弱まるなら企業価値は縮小します。この「理論価値」こそが、ある一定の条件のもとで時間の経過とともに複利的に増大するのです。

ある一定の条件とは何か？　①その企業が「競争優位性」を持つこと、②その企業が稼ぎ出した利益が内部留保されて、さらなる成長や競争優位性の強化のために事業投資されていること、③時間が経過すること、の3点です。

競争優位性とは、働いている人たちがとても優秀で、同業他社が追随《ついずい》できないビジネスモデルを持っていることです。そのような企業は常に研究開発を怠らず、最新の生産設備を使って、世界中の人たちから「ありがとう」と感謝される製品・サービスを提供できるので、大きな利益を稼ぎ続けることができるのです。

企業は、そうやって稼ぎ出した利益を「配当」としてオーナーである株主に配ってしまうこともできますし、利益を企業内にいったん溜めて（内部留保）、さらなる成長を目指して事業投資に使うこともできます。たとえば製品を製造するための設備投資や、新しい製品を生み出すための研究開発投資、優秀な人材を育成するための人的投資などがこれにあたります。

このように、高い「競争優位性」を持った企業が、成長や競争優位性の強化のために、稼ぎ出した利益を自らの事業に再投資することによって、さらに「稼ぐ力」が巨大になり、より大きな利益を上げることができるようになります。

これを時間の経過とともに繰り返すことで、指数関数的に理論価値が増えていくのです。皆さんも数学で指数関数は勉強していますよね。横軸の値（時間）が増えていくと、縦軸の値（理論価値）が爆発的に増大するというものです。

これこそが「理論価値の複利効果」なのです。

利益の一部を自らの素晴らしい事業に再投資することによって企業価値を高め、価値の複利効果を得ていくのです。すると企業価値は「雪だるま」式に膨れ上がっていくことになります。

このように膨れ上がった企業価値を反映して、長期的には株価も上昇します。だからこそ、競争優位性の高い素晴らしい企業に投資することで、時間とともに複利効果を楽しむことができるのです。

高配当企業には近づくな！

よく「高配当銘柄が魅力的」などという話をする自称専門家もいますが、この手の話をする人は、本当の意味で投資のことを知らなすぎます。こういうことをもっともらしく語る人の言うことは、信用しないようにしましょう。

預金の金利がほぼなくなって以降、高配当利回り銘柄への投資がさかんに勧められました。でも、**本当にいい企業の中には、配当をいっさい出さないところがたくさんある**のです。

特に著しい成長局面にある企業は、株主に対していっさい配当を支払わず、稼いだ利益の全額を設備投資や研究開発投資、人的投資に振り向けることによって、さらなる成長を目指します。**自社に投資することによって、複利効果を活用して、さらに自社を大きく成長させていく**のです。

優秀な経営者は複利効果の凄さを理解しています。

自社が競争優位性を持っており、成長機会がある場合は、配当などをしている場合ではありません。どんどん自社の企業価値増大のための成長投資を行うべきなのです。

逆の見方をすれば、高配当企業の経営者は、自社の成長機会を見限っているとも言えます。自社を成長させるのに必要な投資案件が見つからない、競争優位性が十分ではない、あるいは何に投資すれば良いのかがわからない。けれども株主には見放されたくない。株主をつなぎ止めたいので、高めの配当を行うのです。

東証1部上場企業の配当利回りは、2020年11月時点の平均で2・23%です。この数字に比べてはるかに高い配当利回りを出している企業については、本当にそのビジネスが成長しているのか、競争優位性を保っているのかを調べてみた方が良いでしょう。高い配当につられて、もっと大事なものを失うことになるからです。

配当とよく似たものに「株主優待」というものもあります。株主にその企業の商品や、サービスを受けられるチケットを提供するものです。これ、はっきり言って意味がわかりません。こんなことをしているのは日本企業だけです。「株主優待」の原資は企業の利益に他なりませんから、タコが自分の足を食っているようなものです。

そんなお金があるのだったら自社の事業に投資した方が良いに決まっています。皆さんが株式投資をするようになったら、**株主優待につられてその会社の株を買ったりしてはいけません。**

株主が配当を求めることは、投資先企業の成長の先食いでしかありません。複利というエンジンを止めているのと同じです。そもそも投資先企業の「稼ぐ力」を信じられないなら、最初から投資などしなければよいのです。

利益を出さない超優良企業

価値の複利効果で雪だるま式に成長している企業の一例を見ていきたいと思います。君たちもよく使っている、アマゾン・ドット・コムです。**アマゾンは、最近になってようやく利益を出すようになりました。**ですから配当なんて当然出していません。これまで利益を出せなかったのではなく、出さなかったのです。実はいつでも利益を出せる状態になってはいたのですが、競争優位を強めるため、参入障壁を築くためにどんどん投資することを優先し、利益を出すことをあえて先延ばしにしてきたのです。

たとえばアマゾンプライムというサービスがあります。皆さんの中にも実際に利用している人もいると思います。会費が月額いくらか知っていますか？

日本のサービスだと年会費で４９００円か、月額５００円のいずれかになります（２０２１年２月現在）。そしてプライム会員になると、アマゾンで買い物した際の送料が無料になり、さまざまな映画やテレビドラマが見放題になります。また、プライムミュージックで音楽を聴けたり、一部の電子書籍が無料で読めたりします。

月に１回買い物をして、映画の１本も視れば、あっという間に「元が取れた」という感覚になると思います。元が取れる、ということは、アマゾンから見ると利益にならないということです。

実は、日本で年4900円のサービスですが、米国だと年1万円以上になります。もしアマゾンが日本で利益を出そうと思ったら、アマゾンプライムの会費を、現在の4900円から6000円、8000円、1万円というようにだんだん引き上げていけば良いのです。実際にある時点からはいつでも会費を上げることは可能だったのでしょうが、未だに会費を戦略的に安く抑え、**競争優位を築くための価格戦略**を優先しています。

こうすることで他のEC（電子商取引）企業との戦いを有利に進めています。そして同時に、今やリアル店舗でモノを売っている小売店も、どんどんアマゾンにお客さんを奪われています。ひょっとしたら数年後には、大半の小売店はアマゾンによって潰されてしまうかもしれません。

プライムサービスの価格は、競争相手を十分に弱らせて、もしくは潰してしまってから、ゆっくりと上げていけば良いのです。もちろん、そうなれば、会費が高くなったから退会しますという人も出てくると思います。

でも習慣というのは怖いもので、アマゾンプライムでたくさんの映像コンテンツや音楽配信サービスを利用しまくった人たちは、恐らく大半が止められないと思うのです。その時、競争相手は十分に弱ってしまっているので、選択肢は限られているでしょう。

用意周到な長期戦略です。恐ろしさすら感じます。アマゾンの世界の売上高は2019年12月期決算で2805億ドルでした。日本円にして約31兆円です。これだけの売上規模を持ちながら、アマゾンはつい最近まで利益を全く出さなかったのです。

さまざまな投資を積極的に行うことによって、それらを費用として計上し、法人税が課税されないようにしてきました。それは別に法人税を支払うのが惜しいのではなく、アマゾンと同じようなビジネスモデルを持った新しい企業が出てきたとしても、「絶対、アマゾンには敵《かな》わない」と思わせる圧倒的な差を築くための投資戦略なのです。これがいわゆる「参入障壁」です。こういう企業は配当などしているヒマはないのです。

実際にアマゾンの企業価値の推移を見てみましょう。厳密な説明は省きますが、ここにあげたEBITDAという指標は、「利益」にいくつかの調整を加えたもので、アマゾンの企業価値を見るのにより適切な指標です。アマゾンがまさに指数関数的に企業価値を増大させていることがわかります。

こういった企業の企業価値は長期的に成長を続けます。一時的な浮き沈みはあるかもしれませんが、長い目で見れば、「価値の複利効果」という強力なエンジンをフルスロット

アマゾンの株価推移

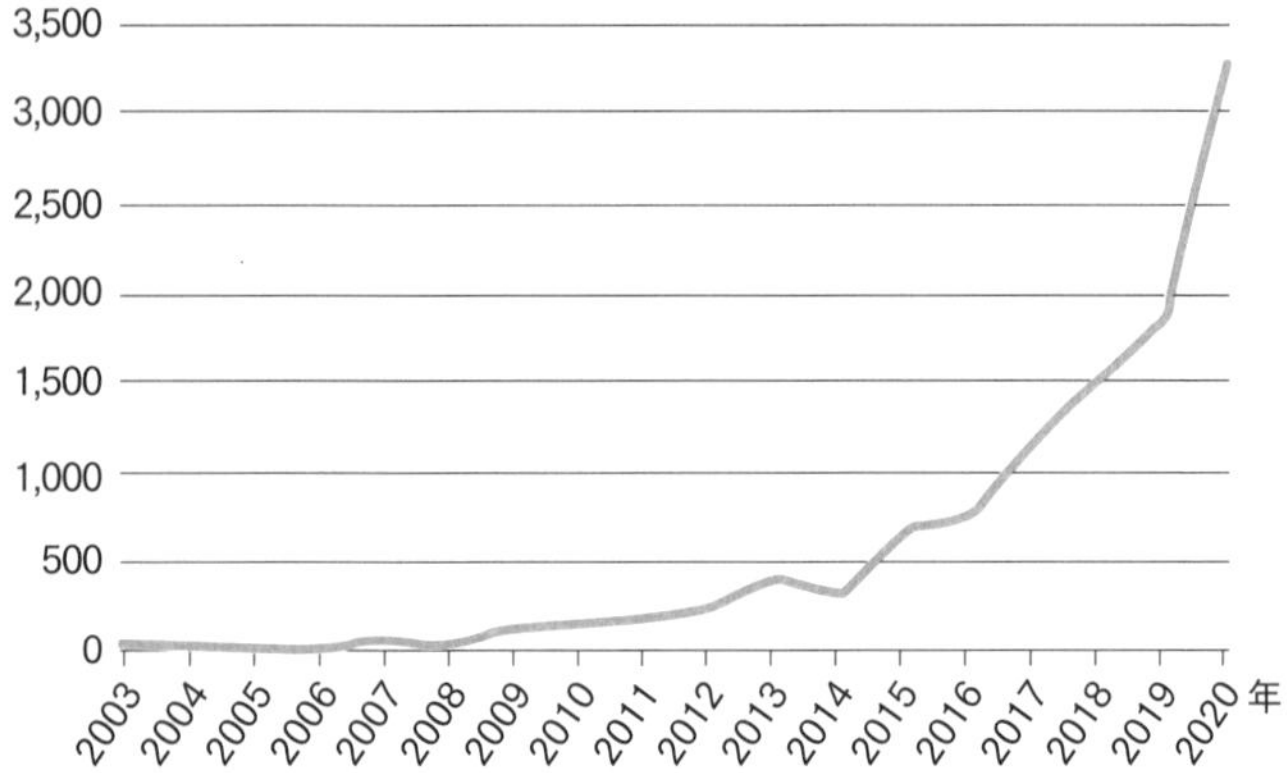

アマゾンの EBITDA 推移

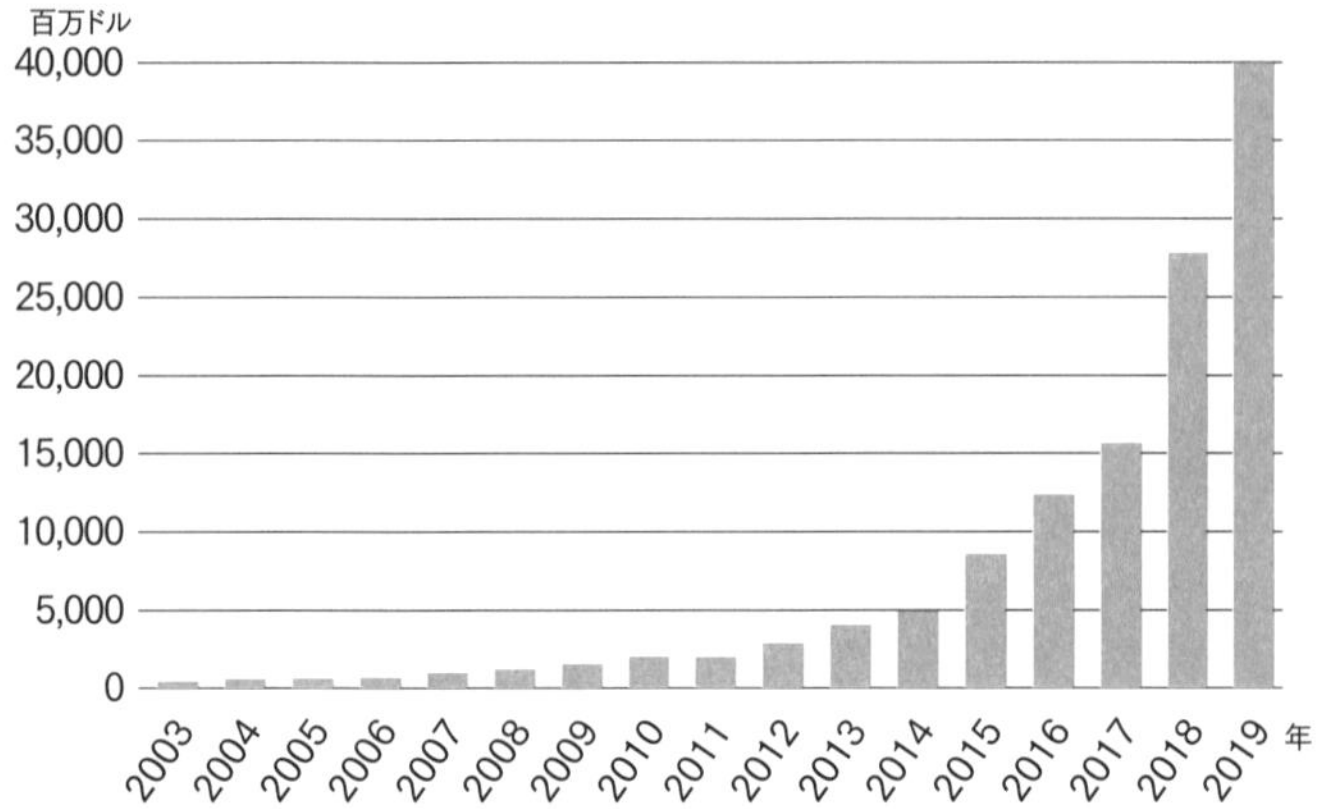

ルで噴かせて、驚くほどの劇的な成長を遂げるのです。私たちはこういう会社を探し出して投資することを仕事にしています。投資というのは一時的な結果ではなく、長いスパンで育てていくものだからです。

「時間」は投資の上で重要な武器になります。素晴らしい企業の企業価値は時間をかけて、複利効果を味方につけて累積的に膨れ上がります。こういった素晴らしい企業であっても、その株価は株式相場変動の影響を中短期的には受けますが、長期的には累積的に増大する企業価値を追いかけて上昇します。

だから皆さんには、できるだけ若いうちからこういった企業への長期投資を始めてほしいのです。人生が大きく変わってくることは間違いありません。

自己投資も早く始めるべし

「複利」の考え方は、広義に受け取ると人生にも活かすことができます。

自己投資も早く始めることで大きな差がつきます。複利効果というエンジンを使える余地があるからです。投資なのだから、最初の持ち出しが苦しいのは当然です。でも後で大

自己投資の雪だるま

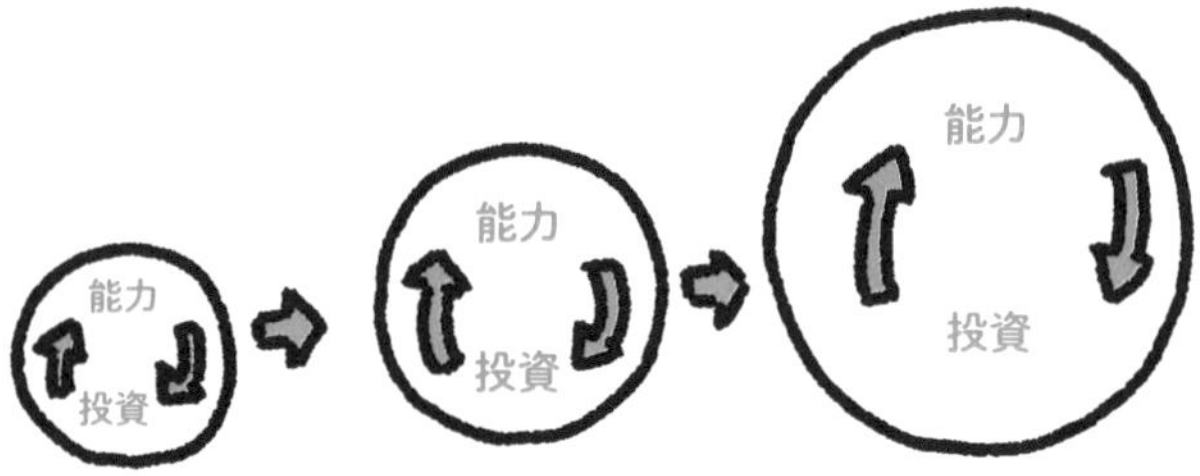

きく回収できます。だから「いやなことは先にやれ」の精神なのです。

若いうちは基礎を鍛えることが重要です。スポーツと一緒です。基礎はある程度限られますが、応用は無限です。応用に使えるだけの基礎を持つことが可能性を無限に広げるのです。

基礎がない人は自分で考えられないので、SNSなどに流れる怪しい二次情報に踊らされます。重要なのは自分で考える習慣＋基礎力です。基礎力はできるだけ早く身に付けた方が良いに決まっています。

これは君たちが取り組んでいる勉強にも言えることです。

たとえば**英語は、先に身に付けたものの勝ち**です。

インターネットで日本語の情報ばかり追いかけているのは愚かです。英語の情報源を探れば、どんどん新しい情報が手に入ります。東日本大震災の時などは、海外メディアだけが「メルトダウン」という真実を報道していました。日本語の情報だけだと偏った情報しか手に入らないのです。情報量も圧倒的な差がつきます。

ビジネスをやるにしても、日本の1億人を相手にするのと、世界の70億人を相手にするのとでは雲泥の差があります。不況の日本でビジネスを成功させるのは簡単ではないですが、世界が市場だと最初から考えれば、成長の速度も違ってきます。

有名な経営コンサルタントである大前研一氏は、大学時代のアルバイトで外国人観光客相手に通訳案内士をやっていたそうです。当時最年少で通訳案内業の資格に合格したとか。英語で日本の文化、歴史を説明できる技術を身に付けることは、本物の「エリート」には必須の素養だと考えたからです。将来のためになって、バイト代も入るのだから一石二鳥ですね。

数学はすべての論理的思考の基礎です。数学のメリットは数学だけにとどまりません。言葉や文化を越える論理的思考の道具になります。実は日本の数学のレベルは世界でも高いのです。これは海外留学する時にも大きな武器になります。英語ができなかったとしても、数字は世界共通です。数式は世界で通じるのです。

私は高校時代、数学が得意で、国語が苦手でした。国語は何か情緒的な文脈などを感じ取るアートのようなもので、そんなものに正解があるわけないとすら思っていました。しかし、実は数学も国語も論理的思考の学問としての共通項を持っていると気が付いてから、国語もできるようになりました。

私は論理的思考法を数学で学び、それを国語にも適用できたのです。論理的思考はビジネスを組み立てる上で、また組織を動かす上で必須の基礎のうちの一つで、これを人生の前半戦で修得できるかどうかは、その後長く続くビジネス人生における蓄積のスピードを決定付けます。

結論を言うと、**「複利」の好循環に乗ることが重要**ということです。「複利」と「単利」は、最初の差は小さいのですが、時間を経るにしたがって、どんどん差がついていきます。「複利」を活かすには早ければ早いほど良いのです。

それは人生にも言えることです。最初は辛いかもしれません。でも自分の中に溜まった利息を無駄遣いしないで、自分自身に再投資を続ければ、**「雪だるま」式に大きな見返りが期待できるのです。**

chapter

05

会社のしくみを知ろう

会社は給料をもらう場所ではない

ここまでの章では、「企業に投資すること」について学んできましたが、この章ではその「企業＝会社」について学びたいと思います。

そこで質問です。Ｅさん、会社とは何をするための場所だと思いますか？

「はい。仕事をして、お給料をもらうための場所です」

そう思いますよね。でも誤解を恐れずに言いますが、会社は給料をもらうための場所ではありません。**個人個人では、解決できないような社会や顧客の問題を解決するべく、異なる能力を持った個人が集まって作られたものが、会社という組織**です。決して従業員に給料を支払うために存在しているのではないのです。ここを誤解している人がけっこういます。支払われる給料は、あくまでも会社が社会の問題を解決したことの結果に過ぎないのです。

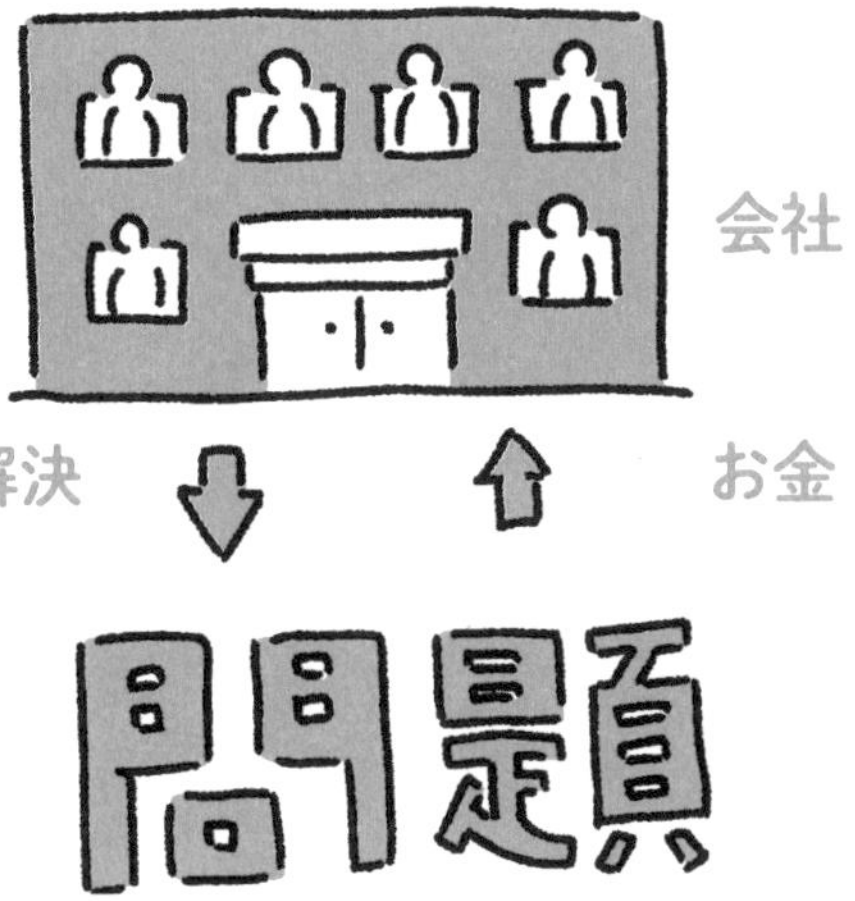

最初に述べた通り、お金とはありがとうのしるしです。企業にお金が集まる（＝売上、利益）のは、その企業が社会に対して効率的に価値を提供した結果なのです。

逆の言い方をするなら、顧客や社会の問題を効率的に解決できないような企業には、そもそも存在意義はなく、売上や利益が継続的に上がることはありません。つまりそのような企業では従業員の給料カットやリストラが避けられないということです。

いったん企業に就職したら定年まで雇ってくれる、という約束事（＝終身雇用制）は、幻だと思っておいた方がよいです。そのような制度がうまく機能できたのは、日本が高度成長期で事業が拡大していたからであって、終身雇用制があったから高度成長できたわけではありません。

90年代以降の日本経済の停滞は目を覆いたくなるほどです。そんな中、なんとか続けてきた終身雇用制も、君たちが社会に出る時には維持できるはずもないと思って諦めた方が良いと思います。

会社は君の能力を売るところだ

というか、会社に「雇ってもらう」という受動的な心の持ち方では、いつまで経っても会社にいいようにこき使われるだけです。

ならばこう考えてみてはどうでしょうか？

「**会社には自分の能力を売っている**のだ。給料はその価値提供の当然の報酬だ」

このように考えると、あなたは当然のこととして、自分の能力を磨くために自分自身にもっと自己投資することになります。英語や会計等の基礎的技術の習得は言うまでもなく、最新のビジネス理論を学んだり、広く見聞を深めるべく1年間会社を休職して海外旅

労働者 2.0

	労働者1.0	労働者2.0	資本家
マインドセット	他人に働かされている	自分が働いている	他人を働かせる
スキルセット	「対応」する力（受動的）	「行動」する力（能動的）	「構想」する力
接点・人間関係	自分の職場のみ	自社全体 顧客 業界	社会全体 コミュニティ
働き方	単に自分の時間を売る	自分の才能を売る	他人の才能や時間を利用する
投資に対する考え方	投資しない	自己投資から長期投資へ	長期投資

行したりしてみるのもいいでしょう。

もう終身雇用などに頼ってはいけません。君はどの企業でも通じるプロフェッショナルになる必要があります。会計、法律、営業、事務、システムなど、どの分野でもかまいません。このうちの2つくらいのスキルを人並み以上にこなすことができれば、君の勤めている会社が倒産してもビビることはないのです。

転職も簡単にできるでしょう。そもそもこれからは、他の会社で通用するほどの人材でなければ、今いる会社での昇進すらおぼつかないのです。

このように主体的に、能動的に自分の「働く力」を高めていける人材が、私が提唱している「労働者2・0」（受動的な労働者ではなく、主体性を持って働く労働者）なのです。

どういう会社を選べばいいの？

君たちが社会に出て、会社の中心となって活躍するころには終身雇用もないでしょうから、君たちは転職をしながらプロフェッショナルとして得意技を磨いていくことになるでしょう。だから就職先を選ぶ時も、最初は自分が**「成長できる場所」を選ぶべき**です。能力を磨くことができれば、昇進か転職かの二択の未来が待っています。もし能力を磨くことができなければ、よくて飼い殺し、悪くするとリストラです。ですから最初の「成長できる場所」はとても重要です。

私は、大学を卒業した時に「金融＋コンサルタント」的な仕事をしたいという大きな方向性はありましたが、どこに就職すればよいかなんて全くわかりませんでした。でも一つだけ重視した基準が「成長できる場所」という考え方でした。

就職先に選んだ日本長期信用銀行（長銀）は、大学を出たての新人でも大企業向けの融資営業などを担当できる銀行でした。数年勤めれば海外留学、海外赴任などの機会も多いと聞き、それだけの理由で選びました。

その当時、都市銀行（今でいうメガバンク）に就職すると数年間はＡＴＭのお札の管理だ、と聞かされ「そんな時間はない」と大口を叩いていました。「金融＋コンサルタント」という大きな方向性を外さずに、超速で成長できればいつでも長銀を辞めてやる！　と考えていました。生意気というか、世間知らずというか……今考えたら恥ずかしい限りです。

でも、この方針は大正解でした。長銀という場所は本当にすごい人たちの集まりで、そういう人たちや取引先の方々との業務経験こそが私のビジネスマンとしての原風景であり、本当に成長できた6年間だったと感謝しています。こんな鼻っ柱だけ強い無能な若者を厳しく、時に温かく育ててくれた長銀の先輩方、取引先の財務部の方々には感謝してもしきれません。

話が脱線しましたが、**就職先を考える上で「成長できる場所」という基準は、絶対に重要**です。その時の給料が多いとか少ないとか、福利厚生が充実しているとかいないとか……君たちの大いなる未来にとっては極めて小さな差です。

そういう意味でも「学生が選ぶ人気ランキング」なんて意味がありません。そもそも学生が単なる雰囲気や待遇などで選んだものなど、むしろ避けたほうが良いくらいです。学生は「現在」しか見ていません。今ピークのものを選びがちなのです。

安定はむしろ不安定

人間は安定が大好きです。しかしこれほど時代の移り変わりの速度が加速している状況において、自分だけが安定しているなんてことはありえません。安定を求めることでむしろ不安定になってしまいます。

もう時代の移り変わりに対応する必要も能力もない老人なら、安定を求めるのは理解できます。しかし、まさにこれから時代を作っていこうという若者が「安定」を職業選択の基準に選ぶなど、時代が見えていないということです。さらに厳しい人生が待っているでしょう。

それほど安定が欲しいなら官僚や公務員を目指せば良いのかもしれませんが、そもそも人口が劇的に減少する日本において、これまで通り公共サービスの量が必要かどうかは、少し頭を使えばわかると思います。

親の意見や先生のアドバイスもそこそこに聞き流しましょう。親の意見が間違っているということではありません。親は子供にどうしても「安定」を約束してあげたいと思うものなのです。しかし、**「安定」がこの時代ではいかに危険な概念なのか**をしっかり理解してください。「安定」という言葉が親の口から出た時には注意してください。

親が生きてきた安定した時代と、君たちが生きる時代は全く異なります。先生もだいたいの場合、民間企業で稼いだことのない人たちです。君たちのことを真剣に思ってくれていることは確かでしょうが、自分の人生は自分で考えて決めるべきです。

またお給料を基準に選ぶという人も多いですが、お金は皆さんが世の中に価値を提供した結果として集まってくるものであって、お金を直接求めることはお金の奴隷になるだけです。皆さんが実力をつけてプロフェッショナルとして価値を提供すれば、お金は後からついてきます。安心してください。

失敗を恐れないでください。そして勇気を持って成長の山に登ってみましょう。ウジウジ悩んでいても時間の無駄です。きっと登った人にしか見えない素晴らしい景色が見えるはずです。

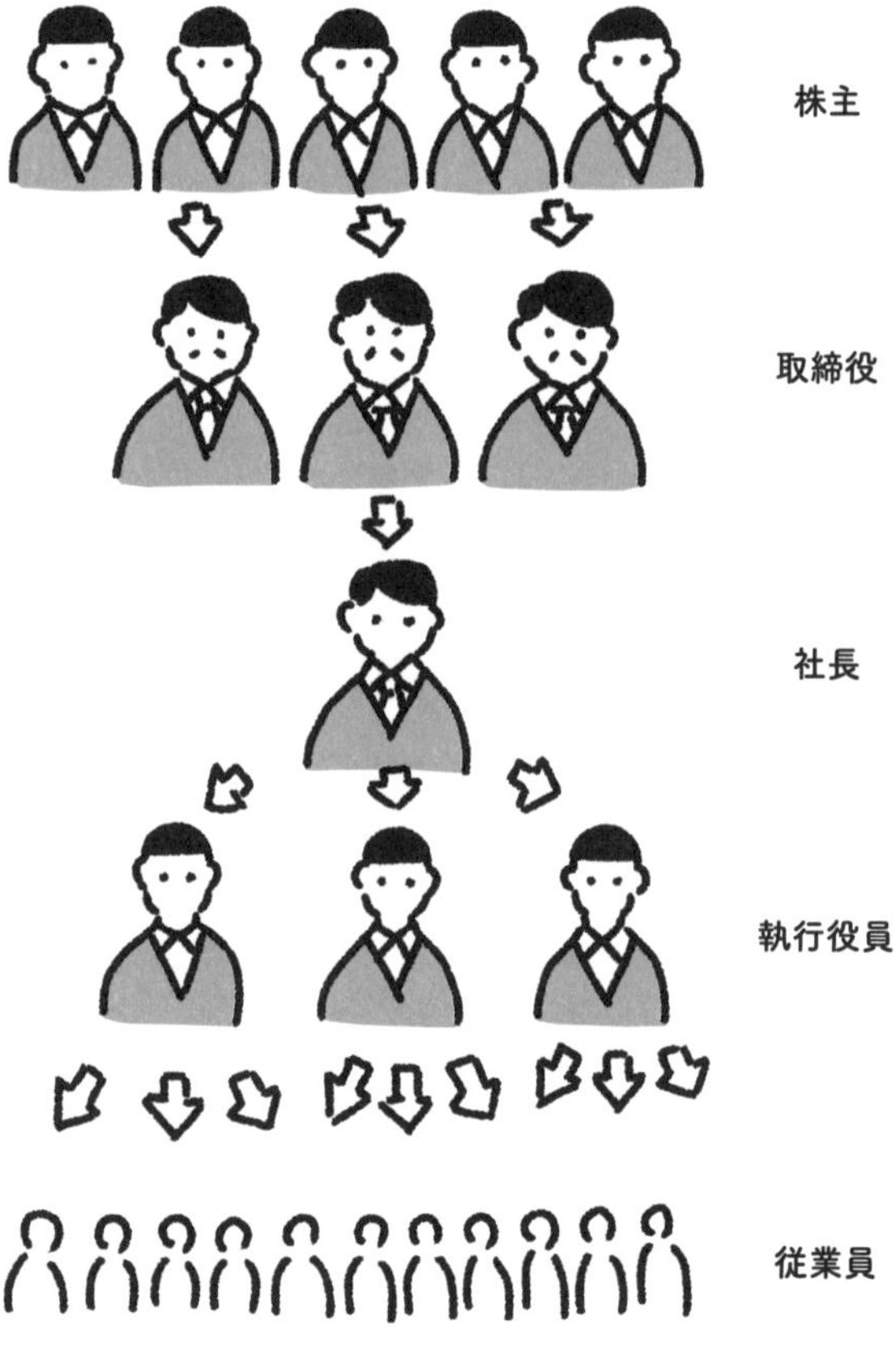
株主
取締役
社長
執行役員
従業員

会社は社長のものではない

よく子供の時の夢に「社長になる」と書く友達がいたのを思い出します。きっと子供心に「会社で一番偉いのは社長だ」と勘違いしていたのでしょうね。皆さんはいかがでしょうか。

新卒で会社に入り、平社員からスタートして、企画をヒットさせたり抜群の営業成績を上げたりして、会社への貢献が認められ、昇進試験などに合格しながら係長、課長、部長というように徐々に出世の階段を上がっていき、出世競争を勝ち抜いたごく一部の人が役員に選ばれる、というのが一般的なイメージだと思います。

そして、会社の取締役会を構成している重役連中がずらっといて、その中のボスキャラが社長という認識だと思います。したがって社長が会社の中で一番偉くて、強大な権限を持っていて、やりたい放題何でもできる唯一無二の存在、なんて思っていませんか。

日本企業の大半は、確かにこの傾向が強いと思われます。日本は徒弟制度や修行をとても神聖なことであるかのように思っているフシがあります。とにかくお仕事を頑張って、

頑張って、頑張り抜いた先に社長の椅子が待っているというのは、とてもわかりやすいサクセスストーリーなのだと思います。

ただ、これが日本企業の問題点でもあるわけです。社長が一国一城の主で、取締役たちが社長の家臣みたいな立ち位置だと、社長が自分のやりたい放題をやっても、誰もそれに文句を言うことができません。

本来であれば経営の現場で何か不正が行われていないかとか、業績が伸びない原因は何なのかといったことをチェックするのが取締役の役割ですが、残念なことに日本では**社長がボスキャラのようになってしまい取締役会のチェック機能が働かなくなっているケースがよく見られます。**

それどころか、社長と子飼いの役員がグルになって、組織ぐるみの犯罪に手を染めてしまう恐れもあります。

本来こんなことはあってはいけないのです。会社のあり方を定めた会社法という法律では、株主が会社の最高意思決定機関である株主総会を通じて取締役を選ぶと定められています。

つまり取締役はあくまでも株主の意思を代弁する者という立場になります。そして、取締役が集まった取締役会において、業務を行う上で必要な意思決定が行われます。**取締役は文字通り、株主のために会社の業務がしっかり遂行されるかどうかをチェックして、不健全な経営が行われないようにけん制する役割を持っています。**当然ながら社長も「取り締まられる」対象です。

海外企業、特に米国企業ではこの原則が厳格に運用されています。つまり、株主総会が選出する取締役会のメンバーは社外取締役が中心で、その人たち自身も他の会社の経営者であることが一般的です。経営者としての知見を活かして意思決定を行うとともに、会社がしっかり経営されているかどうかのチェック機能も果たせるわけです。実際に業務の運営を行うのは、ＣＥＯ（最高経営責任者＝社長）以下の執行役員（重役）たちです。

この形から言えることは、**断じて会社は社長のものではない**、ということです。**会社はあくまでも株主のもの**であり、社長をはじめとする執行役員たちは皆、株主の意思を代弁する取締役会によって監督される一従業員に過ぎません。「この社長は株主にとってマイナスである」と株主に判断されれば、取締役会によっていとも簡単にクビにされてしまうのです。

プロ経営者の登場

株主の前では、社長ですら従業員の一人にすぎません。このことは米国であろうと日本であろうと、法律で定められた「株式会社」の共通の決まりごとです。歴史的、文化的背景もあり、日本では「社長が一番偉い」と考えるフシが強かったのですが、この考え方も企業のグローバル化の中で、徐々に変わってきています。皆さんが社会の第一線に出るころには、「終身雇用制」とともに大きく変わっていると思います。

会社のオーナーは大昔から「株主」です。社長などの執行役員は株主の委託を受けた「取締役会」によって承認されます。そして株主の意思とは、企業の価値を最大限に高めてくれることに尽きます。

そのため、社内に社長にふさわしい人物がいなければ、外部に人材を求めます。高額の報酬を提示して、経営手腕に優れた経営のプロをヘッドハンティングしてくるのです。つまり社内から社長を出すかどうかを決めるのは、究極的にはオーナーである「株主」なのです。

プロ経営者は、経営者としてのスキルを活かして複数の会社を渡り歩き、企業価値のさら

なる向上、あるいは経営の立て直しに手腕を発揮します。

最近は日本にも徐々にプロ経営者が増えてきました。たとえば、日本コカ・コーラの会長から資生堂の社長に移籍した魚谷雅彦氏、ジョンソン・エンド・ジョンソンの最高顧問からカルビーの会長兼ＣＥＯになった松本晃氏、ローソンの会長からサントリーホールディングスの社長に就任した新浪剛史氏などがいます。その会社名を見て気が付いた人もいると思いますが、業種がバラバラです。魚谷氏は飲料から化粧品。松本氏は医療機器からお菓子。新浪氏はコンビニからお酒です。

何が言いたいのかというと、社長になるために新卒でその企業に入社し、出世競争を勝ち抜く必要はないということです。株主から委託される実力を備えたプロフェッショナルであることが重要だということです。

社長の資質

それでは、社長にふさわしい資質とはなんでしょうか。

私は仕事の性質上、日本だけでなく、グローバルに企業を訪問していろいろな業種の社長と面談してきました。そういった経験の中で、経営者の資質として一番重要なものは「**投資眼」、つまり事業を見極めるための眼と、決断してやり抜く「ガッツ（胆力）」を持つことだと思っています。**

もちろん、他にもリーダーシップであるとか人心掌握《じんしんしょうあく》力のような組織運営にかかわる要素も必要でしょうが、それは社長特有のものではなく、広くビジネスパーソン全般に要求されるものです。

社長の経営判断とは、会社が持っている「経営資源」をどのビジネスに投資するのが最も効率的なのかを考え、判断し、企業価値が最大化されるような施策を打つことに尽きます。どうすれば工場の生産を効率化できるかは工場長が考えるべきであり、人の採用や異動については人事部長が判断するべきことです。

経営資源とは、ヒト、モノ、カネのことです。ヒトは文字通り従業員のことを指しますが、社内に人材が足りなければ社外から連れてくることも考えなければなりません。モノは企業が所有している土地や建物、設備のこと。そしてカネは「資本力」や「資金調達力」などおもに財務的な資源を指しています。

このような経営資源の戦略的な配分・投下の決定には工場拡張のための投資、研究開発投資、人材育成のための投資などは言うまでもなく、他社を買ってくる企業買収も含まれます。これらを実行するために、事業の産業構造、競争環境、将来の姿などを総合的に理解する「**投資眼**」が必要ですが、それ以上に重要なことは、決断してやり抜く「**ガッツ**」です。

机上の空論で、きれいな戦略や理論を並べ立てることはある程度勉強した人であればできますが、それを実行に移し、逆風が吹き荒れる中でもやり抜き、成功まで導くためには、「腹がすわっている」ことが大事なのです。この「投資眼」と「ガッツ」は、実際に投資をして失敗と成功を繰り返す中で磨かれてきます。

私が常々「経営者は投資家たれ」と言っているのは、こういうことなのです。実際に成功している企業の経営者は一流の投資家でもあります。信越化学工業の金川千尋会長にしても、日本電産の永守会長にしても、若い時には株式投資を行うことで、投資のセンスを磨いたと言われています。

社長とは「事業投資のプロフェッショナル」なのです。真の事業投資のプロフェッショナルは、どの会社でも、どんな業種でも通用します。

就職して、その会社で叩き上げで社長になるのか、いくつかの会社を渡り歩いて最終的

社長の投資眼

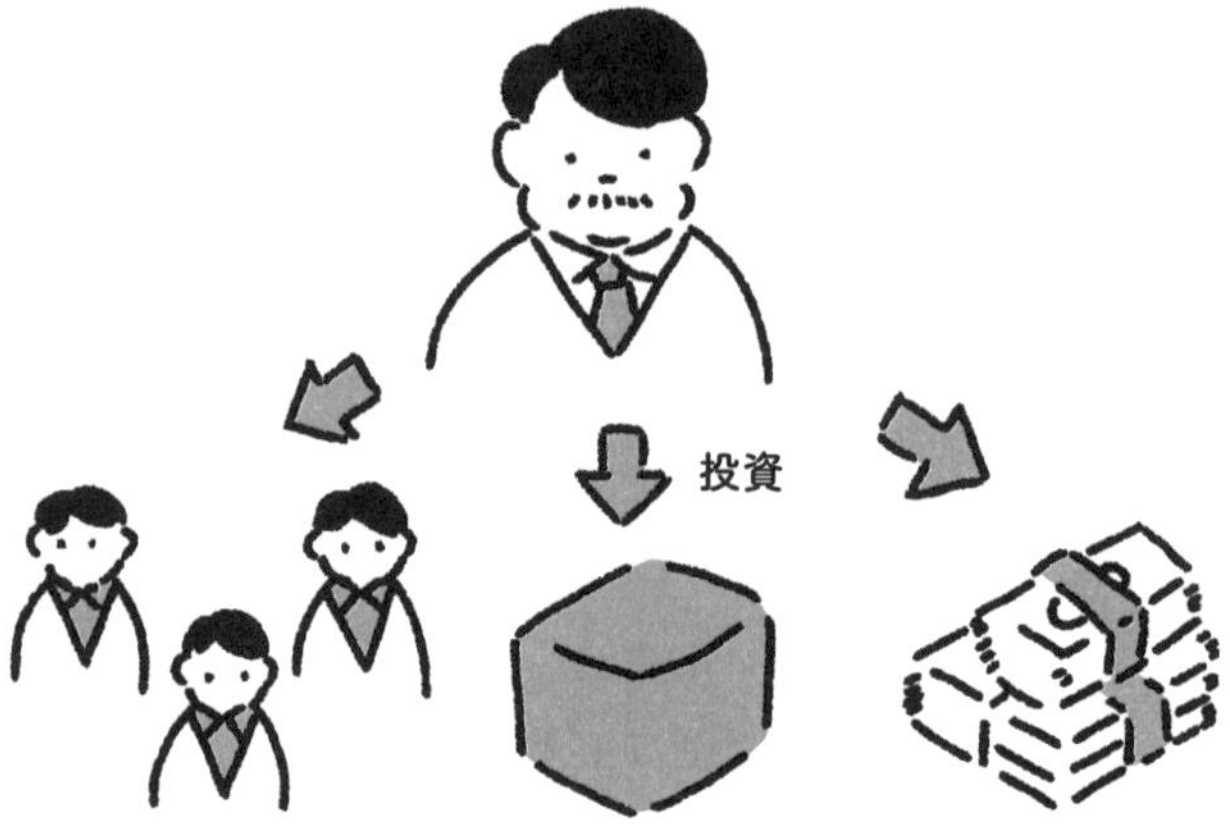

に社長になるのか、もしくは自分で起業して社長になるのか。どのやり方で社長になるのかは自由です。しかしどのやり方を採ろうとも、投資家の資質、つまりは投資眼とガッツがなければ絶対に優秀な経営者にはなれません。

かのウォーレン・バフェット氏もこのように言っています。

「私は事業家であるゆえに、より良い投資を行うことができる。そして、私は投資家であるゆえに、より良い事業を行うことができる」

株主になるとは？

米国企業のＣＥＯともなると、かなり高額な年俸をもらっている人がいますが、本当の意味でお金持ちになるためには、株主になる必要があります。

「資本」とは、出資者が企業に出したお金のことです。昔は有限会社で３００万円、株式会社で１０００万円の資本金がないと会社を設立できませんでした。今はこの最低資本金制度がなくなったので、株式会社を1円で立ち上げることができます。

とはいえ、１円で会社を立ち上げたとしても、実際に活動することはできません。事務所、事務機器、その他の設備なども考慮すれば、ある程度の資金を必要とします。**その資金を複数の出資者で出し合うのが資本金で、その資金を出した人たちは出資した証として株式を保有します。そして、その会社が利益を出すようになった時、出資した資金の額に応じて利益の配分を受けられる**ようになります。

つまり**資本とは、会社そのものの儲けに対する参画権**ということになります。

「でも、社員だって会社の売上からお給料を得ていますよね」

そうですね。でも、社員が受け取っているお給料と、株主が受け取っている配当には根本的な違いがあります。社員が受け取っているお給料は、たとえば「毎週月曜から金曜まで、朝9時から夕方5時まで」働いた対価として受け取っているだけに過ぎません。会社が得た利益に対する所有権は一切ないのです。

社員が受け取っているお給料は、役職が上がれば多少増えますが、どれだけ役職が上がったとしても、会社の上げる利益とは直接の関係はありません。お給料として受け取れるのは、あくまでも自分が働いた対価分なのです。それは社長であったとしても同じことです。

一方、株主は自分の出資した会社が莫大な利益を上げたら、それに応じた配当を得ることができます。しかも利益が増えれば増えるほど、株主はより大きな利益を手にできます。その利益は社員のお給料とは違って、上限がありません。無限大なのです。

結局、**自分の時間を切り売りして働いているうちは、収入が爆発的に増えることは期待できません。**これから社会に出て働く皆さんは、この点をしっかり頭に入れておきましょう。きっと最初のうちは仕事を覚えるのに精いっぱいで、なかなかそこまで頭が回らないと思いますが、少し余裕が出てきたら会社の株式に投資するのです。自分が勤めている会社でも、それ以外の会社でもかまいません。

株式に投資するということは、その会社のオーナーになることですから、20代の若手社員でも立派な企業オーナーになれます。「自分は企業オーナーなんだ」という想いを持ち、企業オーナーとしての視点から従業員としての自分が日々追われている仕事の内容を見ましょう。自分がやっている仕事が会社にとってどういう意味を持つのかを考えるクセを付けると、仕事の覚えも格段に速くなるはずです。

これを私は「労働者2・0」と呼んでいます。ただ搾取《さくしゅ》されるだけ、ただ寄生するだけの会社員人生ではつまらないではないですか。株式を正しく理解して仕事に活かし、いつかは起業してやるくらいの気概を持ってほしいと思います。

chapter

06

価値を創造しよう

利益とは何か？

前章までで、君たちは「投資とは」「複利とは」「会社とは」ということを学びました。その中で、特に重要な考え方が、企業が叩きだす「利益」というものです。

そもそも皆さんは「利益」ってなんだと思いますか？　利益をたくさん上げる企業や事業家のことを「なんかやましいことしてるんちゃうか？」と、どこかやっかみの気持ちで見ている風潮があるように感じます。しかしそれは詐欺《さぎ》とかブラック企業とかの報道で目にする、明らかに間違った利益に対するイメージです。

会計上、利益とは売上から費用を引いたものなので、売上を上げて、費用を削れば利益が増えるのは当たり前です。

ここで顧客をだまして売上を上げたり、従業員に正当な対価を払わずコストを削ろうとしたりする「さもしい」考えを持っている経営者がいるのがブラック企業です。そんなもので利益を語るなど言語道断だと思います。そんな小さな考えでは長続きするわけもないのです。

長期的な利益追求により、利己と利他は調和する

まともな企業が叩き出す利益というものは、顧客や社会が抱えた問題を解決した対価です。大きな利益を上げる企業は大きく顧客や社会の問題を解決した企業であり、利益を出し続ける企業は、問題を解決し続ける優良企業なのです。資本主義はそういった顧客や社会の問題解決の「効率性」を競わせる制度です。

その競争に勝ち残るためには、血のにじむようなイノベーション（技術革新）の追求と業務改善による効率性の向上が必要です。

一時的に利益を出すことは比較的簡単ですが、持続的に、しかも大きな利益を出すことは並大抵の努力では達成できません。だからこそ大きな利益を出し続ける企業は偉大なのです。

このような企業の持続的な利益をオーナーとして楽しむのが真の長期投資です。長期投

利己と利他の調和

株式投資 ＝ その企業の「オーナー」になること
オーナーとしての長期投資により
「社会」に「価値」を創出する

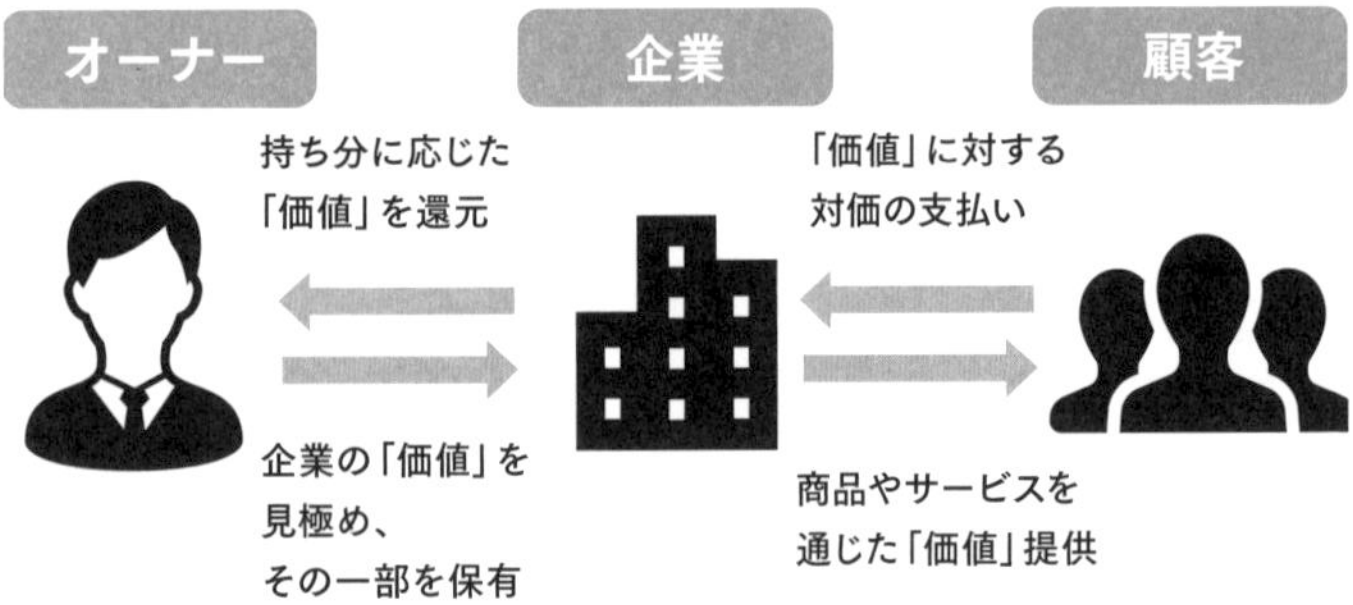

資を通じて、企業が行っている顧客・社会の問題解決を応援し、それによって少しずつ顧客がハッピーになり、社会も少しずつ良くなっていくのです。つまり、自分の利己的な動機と行動が利他的な結果をもたらしていると言えます（「利己」とは自分の利益のこと、「利他」とは他人の利益のことです）。

これこそがアダム・スミスが「道徳感情論」の中で提唱している資本主義の根幹そのものです。**長期的な利益の追求により、利己と利他は調和する**のです。

短期的な利益を追求すれば、利己主義は単なる自分のための利益追求に堕落《だらく》してしまいます。社会に対するプラスの影響は期待できません。資本主義が時おり陥る問題の多くが、短期的な利益追求から起こるのはそういうことです。歴史の中で幾度となく起こるバブルの形成と崩壊はその典型です。また経済成長による環境破壊なども行き過ぎた資本主義の責任とされます。

近代最大の発明といわれる「資本主義」が経済成長に果たした役割を事実として直視し、本質を見失わないように修正していくことで、利己と利他の調和を実現できると私は考えています。実際に企業分析を行う中で、企業の飽くなきイノベーションが株主に対して利益を生むだけでなく、顧客や社会に対しても価値を創出していることを実感します。利己と利他の調和という物語は実現できるのです。ポイントは「長期的」な利益追求です。

利益は常に社会の問題を解決した対価

ナイキのヒット商品に「ヴェイパーフライ」というランニングシューズがあります。陸上部の学生さんの中には、実際に使っている人もいるのではないでしょうか。今や世界中の陸上選手が使っていて、さまざまな大会で新記録を出した人は、ほぼこのランニングシューズを使っているという話もあります。

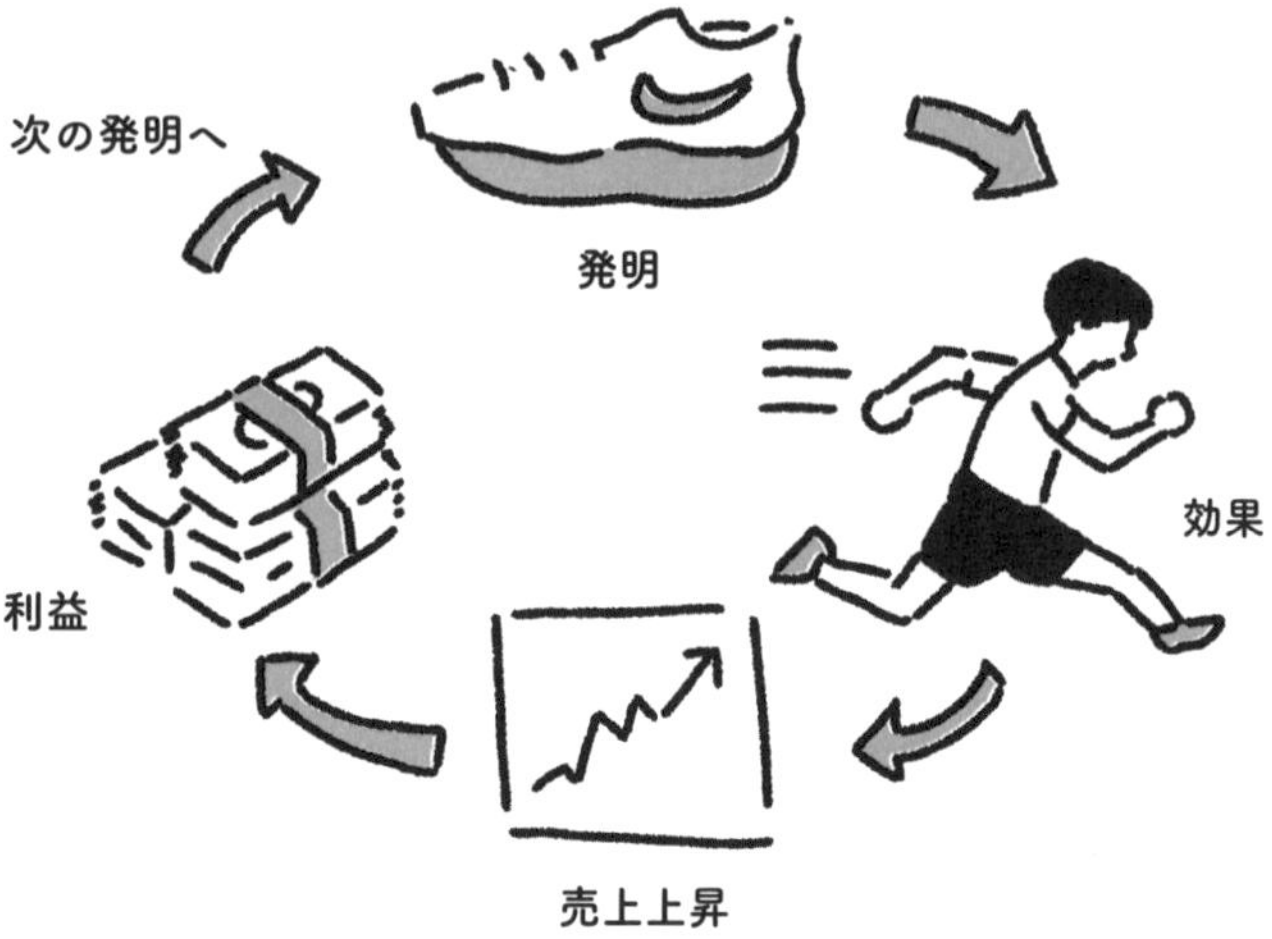

ヴェイパーフライは厚底です。昔、ランニングシューズといえば底を薄くしたものが主流でした。軽量化こそが選手の疲労軽減につながると考えられていたからです。ところがヴェイパーフライは逆にソール部分を厚底にして、そこにカーボンのプレートを入れることによって高い反発力と推進力を生み出し、アスリートの体力消耗を大幅に減らしました。

このようなランニングシューズが生まれた背景には、アスリートの体力消耗をいかに小さくするかという問題意識がありました。その研究開発には物凄い時間や費用、そして何よりもそのアイデアを形にした人たちの自己犠牲的な努力があります。それによってアスリートが長年抱えていた問題を解決したのですから、まさに利他の精神と言っても良いでしょう。

ヴェイパーフライは、世界的なヒット商品になりました。それを履いた陸上選手がどんどん新記録を打ち立てたことで市民ランナーも履くようになり、一般消費者の間にも認知が広まって、ヒット商品に育っていったのです。

商品のヒットは自社の利益の最大化につながります。**ナイキは顧客であるランナーに利益や幸せをもたらすことによって、自分も利益を得ることに成功した**のです。

広島県にエフピコという会社があります。会社名を聞いてもピンと来ないと思うのですが、高校生の皆さんでも日常的に接している、あるモノを作っている会社です。

何を作っているのかというと、皆さんがコンビニやスーパーマーケットでお惣菜やお弁当を買った時にそれが入っている容器、食品トレーを作っている会社です。恐らくこの手の容器の3割はこの会社が作っています。

最近、海洋プラスチック問題が話題になりました。空のペットボトルやビニール袋が海岸に打ち上げられている映像を見たことのある人もいると思います。世界的に問題になっており、日本でもプラスチックごみを減らそうということでレジ袋が有料になりました。しかし、実は日本はプラスチック素材のリサイクルシステムでは世界に先行しており、それに一役買ったのがこのエフピコなのです。よくスーパーの店頭で発泡スチロールトレーを回収するボックスが置かれていますよね。あそこで回収されたトレーはエフピコの工場に運ばれ、もう一度トレーとして再生されます。今度スーパーに行った時は、ぜひトレーの裏面も見てみてください。「エコトレー」と書かれていれば、それがエフピコのリサイクルシステムで再生されたトレーです。

このリサイクルシステムが完成する背景には、エフピコ社の生き残りをかけた危機感との戦いがあったのです。

マクドナルドのビッグマックは今、紙製の箱に入れられていますが、昔は発泡スチロール容器に入っていました。ところが、発泡スチロール容器は環境に悪いということになり、いつの間にか米国で紙製の容器に切り替わりました。やがて日本でも同じ対応になることが予想されました。エフピコの創業者である故小松安弘氏はこの状況を見て、「発泡スチロール容器を単純に作っていては会社が潰れる」と思ったそうです。

とはいえ、エフピコは発泡スチロール製のトレーなどを作っている会社ですから、いき

エフピコ

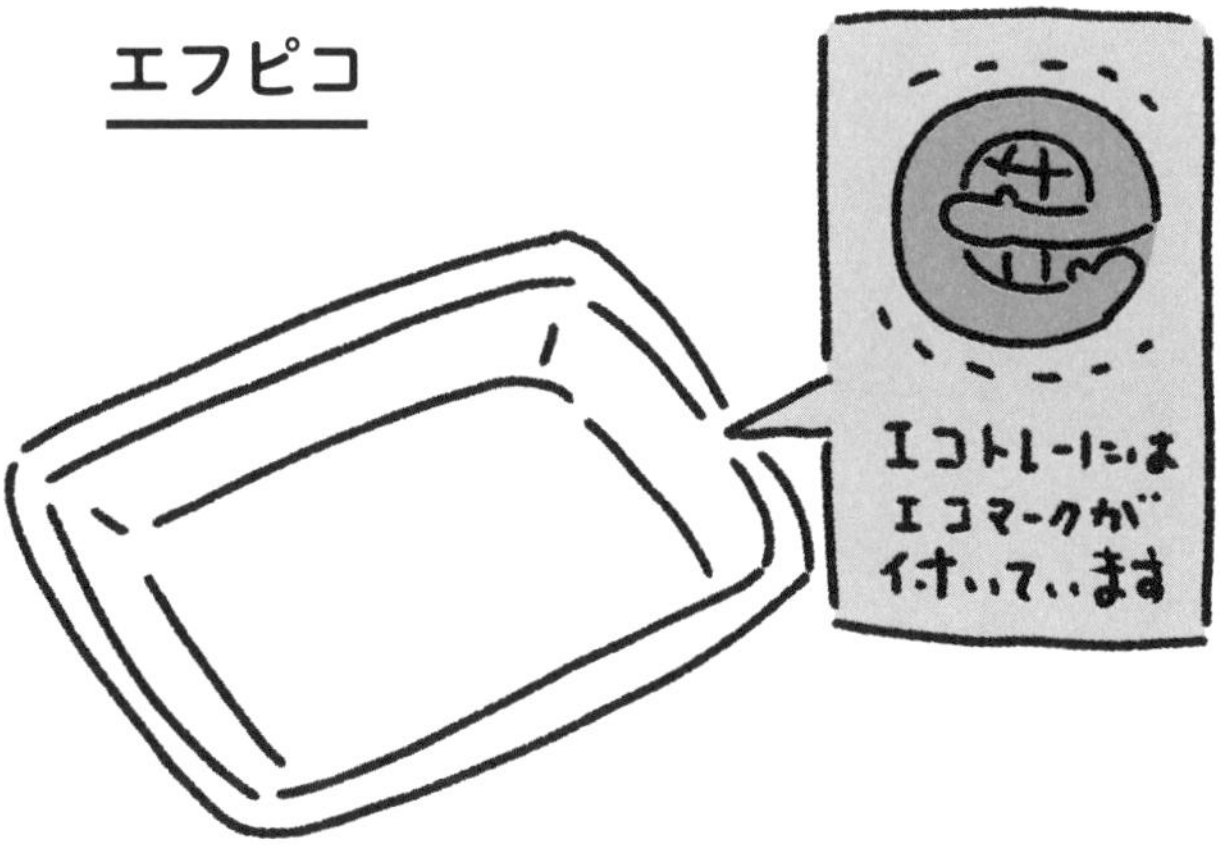

なり紙の容器を作る会社に大転換することもできません。そこで小松元会長が考えたのは、紙製容器にするのが困難なら、発泡スチロール容器を回収して再利用するリサイクルのシステムを築けばいいということでした。こうして発泡スチロールトレーのリサイクルシステムが実際に稼働するようになったのです。

リサイクルは地球にやさしい、地球環境を大切にする行為です。そのため、エフピコは社会貢献に積極的な企業だというイメージにつながりやすいのですが、そもそもの動機は社会貢献というよりも、それをしなければ自分の会社が生き残れなくなると恐れたからです。自分たちが**生き残るた**

めに必要なことを実行に移したら、結果的に地球環境にとってやさしいことになったのです。

これらの例からわかることは、長期的な利益の追求を行うことで、利己と利他が調和するということです。

日本電産という会社はモータを作っている会社ですが、そのモータは小型・軽量なのにとても効率が良いことで知られています。

モータは電気を入力することで動力を得るための装置ですが、1を入力することで1の出力が得られるわけではありません。入力から出力までの間にさまざまなロスが生じるため、1を入力したとしても、実際に得られる出力は0・6とか0・7になってしまうのです。

日本電産の高効率モータは、このロスをできるだけ減らすものです。ロスが減れば、その分だけ電気を使わずに済むため、エネルギーの節約につながります。日本電産の永守会長が言うには、「世の中のモータが全部、高効率モータに切り替わったら（危険な）原子力発電所などいらなくなる」ということです。

実際にそうなるかどうかは、今後の高効率モータの普及次第ではありますが、いずれに

日本電産

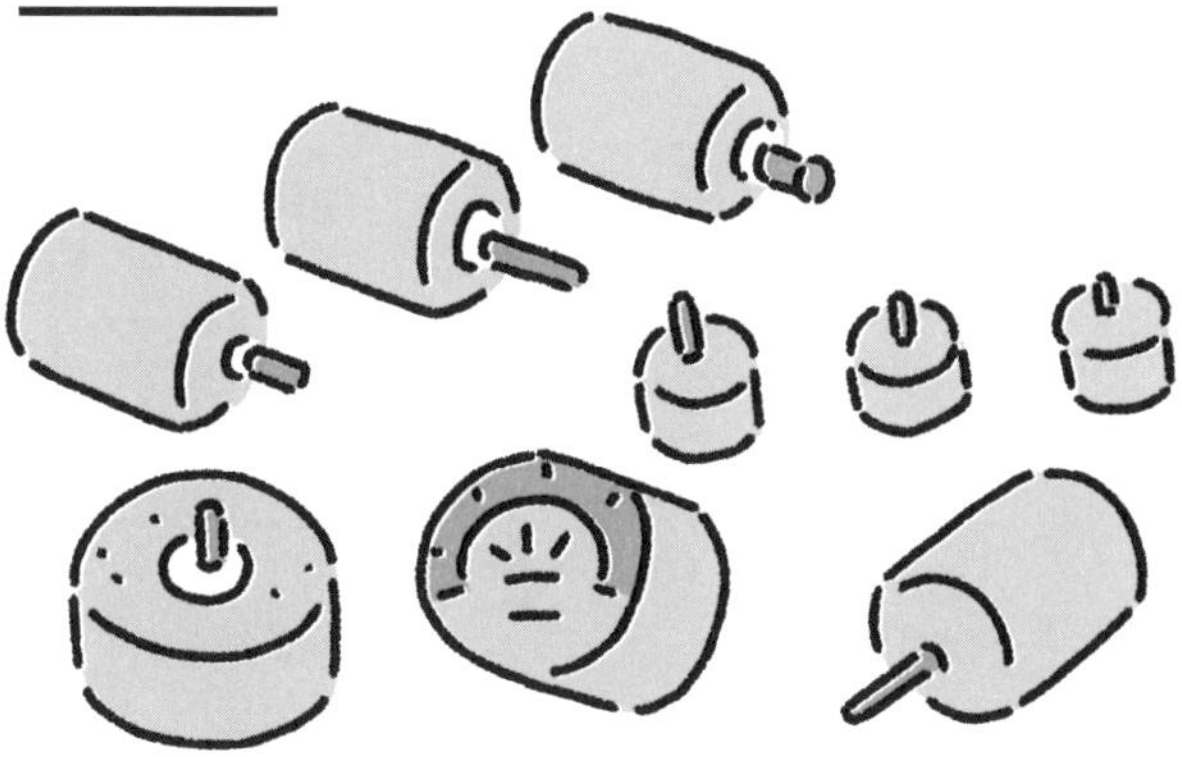

しても**日本電産が自社製品の高効率モータを普及させることができたら、世界中で省エネが大きく進む**可能性があります。
高効率モータは日本電産にとって売上を稼ぐ大事な商品であるのと同時に、省エネルギーという世界中の人々の共通課題を解決することに貢献しているのです。
永守会長自身は、恐らく地球の環境を守ろうという慈善の気持ちが第一でモータを作っているわけではないと思います。日本電産という会社を成長させるために努力した結果が社会貢献につながっているのです。これも利己と利他の調和に関する好例と言っても良いでしょう。
これらの素晴らしい企業と経営者の持続

的な利益の追求があったからこそ、私たちはいま豊かに生活できているのです。

「ありがとうの総量をお金で評価するのが資本主義」だと言いましたね。**利益は常に社会の問題を解決した対価**なのです。だからこそ利益を追求する「利己」という行為と、社会に対して付加価値を提供する「利他」という行為は調和します。

これこそが資本主義の根本的な原理なのです。

人と違うことを考えよう

ここまでで、資本主義のもとでは持続的な利益を追求することが、利益を生み出した人のみならず、社会をも豊かにしていく（付加価値）ということがわかったでしょうか？それでは、そのように「ありがとう」を生み出す人間になるには、どうすれば良いのでしょうか。

重要なのは、**考え方を変えて、新しい価値を生み出すこと**だと思います。今、私たちは「正解のない時代」を生きています。序章でも触れましたが、１９９０年以降はモノが余る時代になったため、消費者の需要を呼び起こすのに極めて抽象的、かつ複雑な社会課題への対応が求められるようになりました。

テレビがなかった時代には、テレビを作れば確実に売れましたし、自動車も同じでした。安く作ればさらに喜ばれました。かつての消費者のニーズは具体的でわかりやすかったのです。でも、もはやテレビも自動車も需要が完全に満たされています。最新のテレビを売ろうとしても、なかなか売れるものではありません。

4Kや8Kという新しい技術を使った高画質のテレビが次々に登場していますが、テレビを視るという機能面を考えれば、わざわざ高いお金を出して8Kテレビを買う必要が乏しいのです。

日本人はモノづくりへのこだわりが強いので、ついつい機能面にばかり集中しがちです。しかし**新しいアイデアを生み出すには、考え方を変えるしかない**のです。考え方を変えて試行錯誤を繰り返すと、そこにイノベーションが生まれます。

たとえばアップル。この会社は1990年代に倒産の危機に瀕《ひん》していました。そこであまりにも傲慢《ごうまん》だったため一度会社から追い出した故スティーブ・ジョブズ氏を呼び戻して、改革をはかりました。

ジョブズ氏が着目したのは、コンピュータの性能面ではありませんでした。デザインです。それまでコンピュータといったら機能的で面白みのないデザインのものばかりでした。誰もコンピュータをおしゃれにしようなどと考えていなかったのです。

ジョブズ氏が生み出したiMacというカラフルで未来的なデザインのコンピュータは爆発的にヒットし、アップルを復活させました。ジョブズ氏は常に「**Think different（シンク・ディファレント）**」、つまり違うことを考えるようにしたそうです。それは、今日は昨日と、明日は今日と違うことを考えようという軸と、他の人とは違うことを考えようという2つの軸から成り立っています。

君たちはこの「シンク・ディファレント」を明日からでも簡単に実践できます。たとえば、いつも使う通学路を今日は少しだけ変えてみる。いつも使っている電車を一駅だけ前でおりて、街を歩いてみる。もしかしたら何かの発見があるかもしれませんし、ないかもしれません。でも変えてみなければ１００％発見はありません。

また電車に乗り込むと80％以上の人が携帯を見ています。この「他の人たち」とは違う行動をしてみる。たとえば本を読む、たとえばメモを取り出して今日の行動を整理してみる。他人と違う行動をすることで、見えてくることがあるかもしれませんし、ないかもしれません。ただ、**他の人たちと同じように携帯ゲームをやっているだけでは、他の人たちと同じ発想しか生まれません。**

人はとかく、昨日と同じこと、人と同じことを繰り返しがちです。それは何も考えなくてもいいからです。何かを考えることは脳に負荷をかけることなので、はっきり言って不快です。人間も動物なので、その本能として、不快なことを避けるようにできているのです。でもそれではイノベーションは生まれません。イノベーションは人間の特権です。

ちなみに、スティーブ・ジョブズ氏は自身が立ち上げたアップルの後継経営者として、当時ペプシ・コーラの社長だったジョン・スカリー氏を引き抜きました。その時にジョブズ氏がスカリー氏に言った誘い文句がしびれます。

「このまま一生砂糖水を売り続けたいのか、それとも私と一緒に世界を変えたいのか？」

この言葉でジョブズ氏はジョン・スカリー氏を引き抜きますが、やがてそのスカリー氏にアップルを追放され、失意のドン底に落ちます。しかし業績不振のアップルに再び舞い戻り、本当に世界を変えてしまいました。私が大好きなエピソードの一つです。

どんどん試行錯誤しよう

もう一つ事例を挙げましょう。本やノートの重要な部分が一目でわかるように貼る「ふせん」に「ポスト・イット」がありますね。皆さんも使っていると思います。

この「ポスト・イット」誕生秘話です。

スリーエムという米国企業の研究者アート・フライ氏は、教会の聖歌隊のメンバーでした。１９７４年12月、聖歌を歌うため、フライ氏は聖歌集の中の歌う予定のページにしおりを挟《はさ》んでいたのですが、それが落ちてしまいました。

その時、フライ氏は落ちたしおりを拾いながら、こう考えたそうです。

「落ちないしおりがあればいいのに」

その時、ふと一つのアイデアが浮かびました。それはしおりの端に糊《のり》を付けることでした。しかし、糊の粘着力が強いと、しおりを剥《は》がす時に聖歌集の紙も一緒に破れてしまいます。つまり粘着力の度合いがキモだったのです。ちゃんと付くけれども、すぐに剥がれるものでなければなりませんでした。

フライ氏には一つ心当たりがありました。その時から遡《さかのぼ》ること5年前、やはりスリーエムで強力な接着剤を開発していたスペンサー・シルバー氏が、どこをどう間違ったのか、くっつかない糊を発明してしまったのです。そのことを覚えていたフライ氏は、その翌日にポスト・イットの製品化を進めようとしました。

問題は、端に糊が付いた紙を何枚も束にしなければならないことでした。フライ氏は、その紙を束にする機械を、自宅の地下室で作り始めました。こうして機械ができ上がり、ポスト・イットの試作品もできたので、フライ氏は会社にそれを持っていき、営業担当者に「これ、売れないかな」と聞いて回ったそうです。

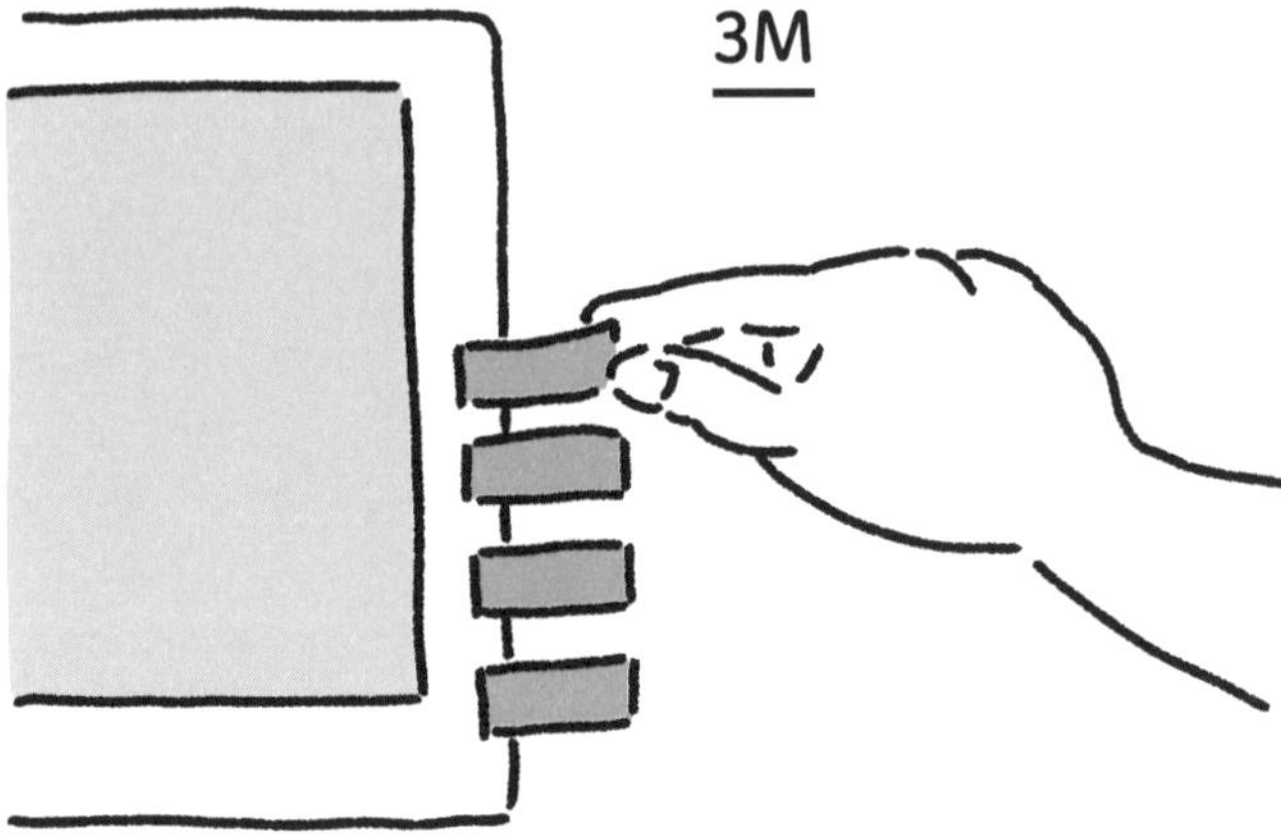

営業担当者の対応はけんもほろろでした。「そんなの、聖歌隊にしか売れないよ」と言われたそうです。それでもフライ氏は諦めることなく、スリーエムの重役秘書たちのところにも行って、配って歩いたそうです。そうしたら、ひょっとしたらこれは文房具としていろいろな使い方ができるのではないかという意見が出てくるようになり、ようやく営業担当者も話に乗ってくれたそうです。

ただ、もう一つ大きな問題がありました。ポスト・イットを製造する機械をスリーエムの本社まで運ぶ必要があったのですが、フライ氏はそれを自宅の地下室に作ってしまったため、持ち出すことができなかったのです。

結局、自宅の壁を壊して持ち出しました。まさに「壁を打ち破る」話になったのです。ここ、笑うところですからね。

さて、そのスリーエムには「テクニカルフォーラム」という研究分野ごとに設けられたコミュニティがあります。そこでは年間1200回以上の発表会が開催されていて、さまざまな技術の共有化が行われています。そこにある情報は誰でも自由に使うことができるのです。つまり頭に浮かんだアイデアを実現するための技術が、このフォーラムに蓄積されているのです。

こうした**情報と技術を組み合わせ、試行錯誤を繰り返す**ことで、スリーエムはさまざまなイノベーションを進めてきました。ポスト・イットだけではありません。道路標識が夜にあれだけ明るく光るのもスリーエムのおかげです。何気なく使っている「マスキングテープ」もスリーエムですし、スマホの液晶画面にもスリーエムの技術が満載です。「スマートフォンの液晶画面から、車の内装にいたるまで、身の回りの3m以内に3M製品がある」と言われるくらいです。

イノベーションを起こすには、単に情報と知識が蓄積しているだけではだめなのです。大事なことは、それを使って「行動」するチャレンジ精神なのだと思います。スリーエムの数々のイノベーションの足跡の後ろには数え切れないほどの試行錯誤があるのです。

失敗のコストが低い時代

それでもまだ「チャレンジして失敗したらどうしよう」と思っている人もいるでしょう。なぜ失敗が怖いのでしょうか。

「起業して失敗して莫大な借金を抱えるのが怖い」などと思っていませんか。それは大昔の話です。昭和の時代の話です。

昭和に会社を立ち上げた人は、製造業が中心でした。なぜなら世の中がモノ不足だったからです。

かつては会社を創るには、それなりの資本が必要でした。株式会社を創るとしたら最低でも1000万円の資本金を必要とした時代です。しかも、モノを作る会社であれば、事務所だけでなく工場が必要ですし、その工場に設置する工作機械なども用意しなければなりません。莫大な初期投資が必要だったのです。

当然、それだけのお金をかけて売上が立たなかったら、経営者は莫大な借金を抱えて倒産です。自殺する人がいたのもうなずける話です。

でも、今はモノ余りの時代になりましたから、そもそもモノづくりの会社を立ち上げる意味がありません。今の日本で新たにモノづくりの会社を立ち上げたとしても、それほどニーズはないでしょう。

若いうちからチャレンジしよう

では、モノづくりではないとしたら何をするか？　これからの日本での起業は、アイデア勝負です。モノを作るにしても単純なモノづくりではなく、顧客にとっての付加価値を作るのです。

たとえば最近流行っているウーバーイーツなどは、アイデア勝負の世界です。立ち上げの際のコストもほとんどかかりません。何しろスマホで商品を望んでいる人と運んでくれる人を探して、マッチングするだけの話です。

誰でも真似できるアイデアなので競争は激しくなるでしょうが、当たれば市場は世界に広がります。機械を購入したり工場を建てたりする必要もありません。したがって事業が軌道に乗らず、会社を畳むことになったとしても、莫大な借金を抱えるようなことにはならないでしょう。

つまり、現代は損をするというリスクがかなり限定されている反面、儲かるチャンスはいくらでもあるのです。だから挑戦しなければ損なのです。

さらに言えば、こういったビジネスは少人数でも始められます。大きな組織はいりません。「クラウドファンディング」を使えば、アイデアに賛同した多くの人から資金を集めることもできます。こういう時代に**何もしない人は、ただただ後退していくだけ**です。チャレンジするコストは下がっているのだから、**何もしないコストは上がっているのです。**

そしてもう一つ、自己投資も含めて何かにチャレンジするとしたら、できるだけ**若いうちから始めた方が良い**ということも、付け加えておきます。アイデア勝負の世界では、経験豊富なベテランが有利ということはありません。むしろ固定観念に縛られない若い人の方が力を発揮できるはずです。

chapter 07

構造的に強靭な人間になろう

生き残れる人は生き残れる企業と同じものを持っている

私は投資家です。将来有望な企業を探して、その企業が発行している株式を保有します。ただし、投資しているお金は自分の資産ではありません。大勢の人たちから大切なお金を預かり、そのお金を増やすために投資活動を行います。私たちがどういう企業に投資するのかという判断次第で、大勢の人たちのお金が増えたり減ったりします。

だから私たちは、慎重に慎重を重ねて投資するに値する企業を常に探しています。そして、10年、20年、あるいは50年という時間の流れに耐えうる、「構造的に強靭な企業」に投資しています。なぜなら、**「構造的に強靭な企業」は多少時間がかかったとしても、いや、むしろ時間というものを味方につけながら、複利効果を使って雪だるま式に理論価値が高まっていく**からです。そういう企業の株価は、一時的に下がることがあったとしても、長期的に見れば着実に値上がりしていきます。

私たちが長期投資を始めたのは2007年のことですが、それ以来ずっと好成績を維持しています。「売らなくて良い会社しか買わない」という運用哲学で、いったん保有を開始した株式は基本的にずっと持ち続けるようにしています。時には判断を誤り、売却せざるをえなくなるような株式もあります。しかし短期のトレーダーのように、1日の間に何度も売り買いを繰り返すような真似は絶対にしません。

私は構造的に強靭な企業を探して投資を続けてきたわけですが、その中で一つ気づいたことがあります。**構造的に強靭な企業の条件は、人にも当てはまる**ということです。

組織の時代は終わり、個人の時代へとシフトしています。時代の変化は激しく、変化のスピードはますます加速していくでしょう。さらにこれからの時代は、AIが私たちの生活にどんどん浸透していきます。それによって、今までは人がやっていた仕事の多くが、AIに置き換えられるようになります。そんな激しい時代でも常に必要とされるのは、構造的に強靭な人間だと思うのです。

最後の章では、高校生の皆さんがどうすれば構造的に強靭な人間になれるのか、そのヒントを示したいと思います。

AI時代の働き方

今から5年くらい前に、イギリスのオックスフォード大学でＡＩなどの研究を行っているマイケル・Ａ・オズボーン准教授（当時、今は教授）とカール・ベネディクト・フレイ博士が書いた「雇用の未来」という論文が話題になりました。

なぜ話題になったのかというと、そこには今後10～20年の間に**米国の総雇用者の約47％の仕事が、コンピュータによって自動化可能**と書かれていたからです。たくさんあるのですが、そのうちのいくつかをかいつまむと、こんな感じです。

銀行の融資担当、スポーツの審判、不動産ブローカー、電話オペレーター、給与・福利厚生担当者、レジ係、娯楽施設の案内係、集金人、訪問販売員……。

たとえばレジ係に関しては、すでに日本でもコンビニエンスストアの一部で、無人で決済できるようになっています。米国ではアマゾン・ドット・コムが、レジなし無人スーパーである「Amazon Go」を展開しています。

電話オペレーターや給与・福利厚生担当者、娯楽施設の案内係、集金人、訪問販売員な

なくなる仕事

ども、現状ではかなりの部分がコンピュータに置き換わりつつあります。

　このようにＡＩの世界が広まると、人間の仕事がどんどん奪われていきます。単純作業を繰り返すような仕事、ＡＩの方が人間よりも早くこなせる仕事は、どんどんＡＩに切り替わっていくでしょう。

　ただ、そのことを君たちのような若い人が恐れる必要は全くありません。確かに多くの仕事はＡＩに置き換わると思いますが、**その代わりに新しい仕事が出てくる**可能性があるからです。

　たとえばコンピュータのプログラムを書ける人は引く手あまたでしょうし、ドローンの操縦ができる人も引っ張りだこになるはずです。またＡＩは膨大なデータを活用しますから、データを解析する専門家や、ビジネスの現場でＡＩを導入する際にそれを支援する仕事、あるいはＡＩそのものを開発する仕事などが、ＡＩ時代を迎えて新たに登場してきます。

また、いくらＡＩ化が進んだとしても、そう簡単に切り替わらない仕事もあります。これもオズボーン准教授とフレイ博士の論文に書かれていたことですが、レクリエーションセラピスト、メカニック・修理工、メンタルヘルスと薬物利用者サポート、作業療法士、ソーシャルワーカー、栄養士、セールスエンジニア、警察、心理学者などは、今まで通り人間が行う仕事とされています。ミュージシャンや芸術家なども、なかなかＡＩには置き換わらないでしょう。

技術革新とともに労働人口も変化する

歴史の流れを紐解《ひもと》いていけば、これまでにも、ある技術の発明によって不要になった仕事、あるいは大勢の人たちでこなさなくても済むようになった仕事はたくさんあります。

たとえば農業なんてその典型例でしょう。**第一次産業**の農業は、かつてはすべて手作業

産業構造の変化

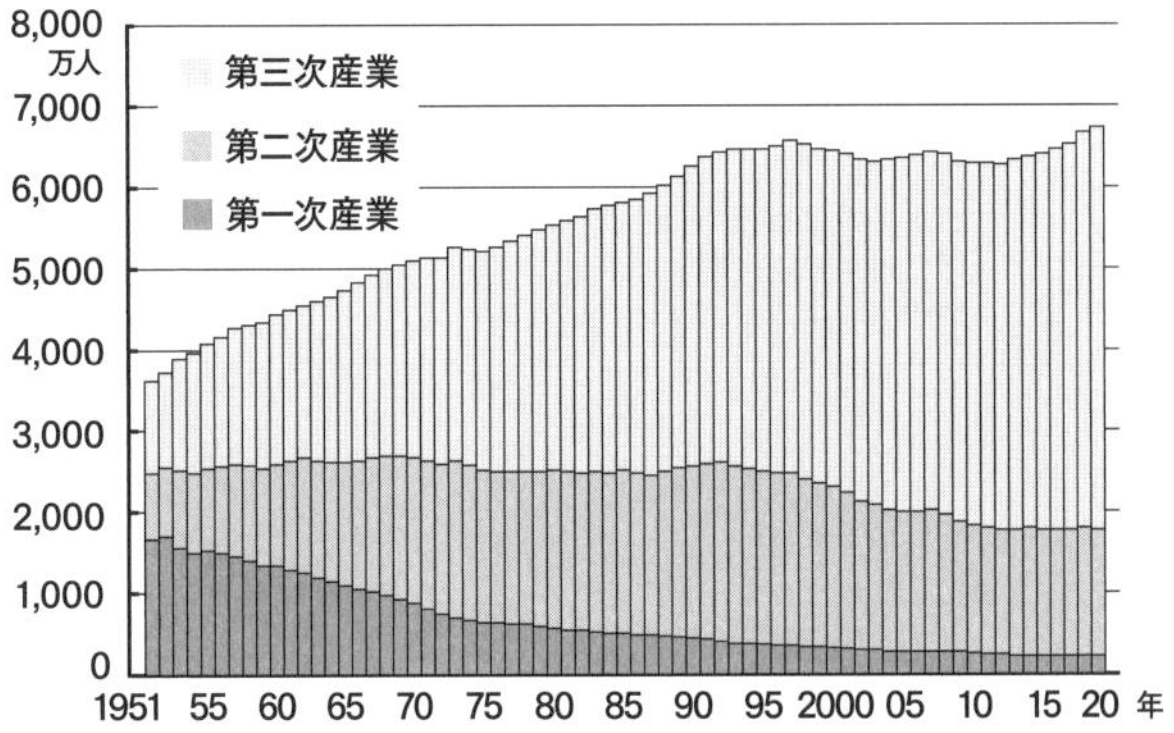

出所：総務省「労働力調査」

で行われていました。しかし、さまざまな農機具が発明され、機械化が進んだ結果、1900年代の初頭には米国民の70%を占めていた農業従事者は、今ではたったの2%になりました。それだけ少人数で農作業することが可能になったのです。

70%を占めていた農業従事者が、わずか2%で済むことになったのですから、これは物凄い構造転換です。残り68%の農業従事者がどうなったのか気になりますよね。

農作業からあぶれた人たちは工場労働者になったのです。自動車や各種電気製品、あるいは農機具を作る仕事に従事するようになりました。こうして農業を続けられなくなった人たちの雇用を、**第二次産業**が吸収したのです。

大勢の農業従事者は工場労働者に身を転じたわけですが、今度は工場にオートメーションの波が押し寄せてきました。工業というものがこの世に登場した時、工作用ロボットなどというものはありませんでしたから、基本的には手作業でした。それが徐々に工作用ロボットによってこなせる部分が増えていき、今ではほとんどの作業を工作用ロボットが行っているものもあります。

そうなると、工場で働く労働者の人数も、かつてほどは必要なくなります。ということで、工場でも人が余ってきたわけですが、その人たちは今度、**第三次産業**に移っていきました。外食、レジャー、運輸、通信、商業、金融、理容といったものが挙げられます。

このように機械化が進む中で、産業構造が変わり、人の働き方も変わってきたことは、日本も同じです。今や第一次産業従事者（農業等）は4％弱、第二次産業従事者（工業等）は約24％に対して、第三次産業従事者（サービス等）が約72％まで増加しています。一般的に日本は「モノづくりの国」と思われていますが、それは実のところ大きな誤解で、実際にはサービス産業の方が圧倒的に多いのです。この先、ＡＩが普及してきて、大勢の人たちが「仕事がなくなる」と大騒ぎをしているわけですが、特別視する必要は全くないと私は考えています。

長い歴史の中で**エポックメイキングな技術が登場し、人の働き方が変わったのは、今回が初めてではない**からです。

もはや人間はゲームでAIに勝てない

物凄いスピードで過去のあらゆるデータをチェックし、そこから最適解を見つけ出すAIは、とても人間には敵わない力を持っています。

今から4年ほど前の話になりますが、東京大学医科学研究所にあるIBMの人工知能、「ワトソン」が、特殊な白血病患者の病名を10分ほどで見抜いて、その患者さんの命を救ったと発表されました。東京大学医科学研究所が使っているワトソンには、2000万件以上のガンに関する医学論文が学習されており、人が医学論文に一つ一つ目を通して病名診断するのに比べて、各段に速いスピードでそれを成し遂げたのです。

1997年には米IBMが開発した「ディープ・ブルー」が、当時のチェスで世界チャンピオンだったガルリ・カスパロフ氏に勝ちました。このディープ・ブルーというスーパーコンピュータは、1秒間に2億手の先読みを行ったそうです。対戦相手であるカスパロフ氏の過去の棋譜《きふ》をベースにして、指す手がどのくらい有効なのかを数式で導き、効果があると思われる手をすべて洗い出したのです。

2015年にグーグルディープマインドによって開発された囲碁のプログラムである「アルファ碁」は、2016年に人間のプロ囲碁棋士に勝ちました。囲碁は、コンピュータが人間に勝つのが最も難しいゲームと言われていました。なぜなら囲碁はチェスなどに比べて局面の数がはるかに多いため、過去の棋譜をすべて読み込んで解答を出すのが極めて難しいと考えられてきたのです。

これは、本当に凄いことだと思います。チェスなんて、それこそ4時間くらいで過去何百年もの間に行われてきた棋譜を全部読み込んで、最も有効な手を打ってくるわけですから、人間が敵わないのも無理はありません。

ただし、「**コンピュータが強いのは、ルールが明確で、正解がはっきりしている世界**です。

たとえば、A地点からB地点まで最も早く到着するためにはどのルートを通れば良いのかを判断させ、自動運転で現地へ連れていってもらうなどというのは、まさにAIが最も得意とするところです。だから将来、自動運転とAIの性能がさらに上がったら、タクシードライバーは確実に必要なくなります。

でも、恐らくＡＩは、正解のない世界には馴染《なじ》まないと思います。ＡＩはデータを集めるだけで「何が問題なのか」と言う課題設定すらできないでしょう。

ＡＩは、自分の意思で考えることができません。しょせんは道具なのです。

ワトソンになるな、ホームズになれ

皆さんは、「シャーロック・ホームズ」をご存じですよね。コナン・ドイルが生んだ世界最高の推理小説の一つです。

ホームズはワトソンがベーカー街２２１Ｂの部屋に入っていくと、初対面であるにもかかわらず、「君はアフガニスタンの従軍から帰ってきたんだね」と言って、ワトソンを驚かせます。そんなことなど一言も言っていないのに、どうしてホームズにわかるのか、ワトソンには全くわからないわけです。

驚いた顔をしているワトソンに対して、ホームズはこう言います。

「君は見ているだけなんだ。観察しなければいけない」

観察するというのは、何らかの仮説を持って見るということです。ただ単に事実を見ているだけでは、観察になりません。ワトソンがアフガニスタンの従軍から帰ってきたという推理については、こういうくだりがあります。

「ここに医療系だが、軍人の雰囲気をもつ男性がいる。明らかに軍医だろう。彼は丁度熱帯から帰ってきたばかりだ。なぜなら彼の顔は黒いが、手首は白い。黒は彼のもともとの肌の色ではないからだ。彼は、そのやつれた顔が明らかに告げているように、苦難と病気を耐え忍んできた。彼の左腕は負傷している。彼はそれをぎこちなく、不自然な扱い方で握っている。どこの熱帯でイギリス人の軍医が大変な苦難に遭遇し、腕を負傷するだろうか？　それは明らかにアフガニスタンだ」

ホームズはワトソンがアフガニスタンから帰ってきたということを当てるまでに、さまざまな仮説を立てて検証を繰り返していることがわかります。これが本当の意味での観察です。ところが、ワトソンにはそれができないのです。

正解のない世界でのＡＩは、まさにワトソンそのものです。目の前にある事実しか見ていないのです。

ここでいうワトソンとは、ＩＢＭのワトソンではなく、シャーロック・ホームズのワトソンのことです。ちょっとややこしい話で恐縮ですが、AIがはびこる世界における働き方は、「ワトソンになるな、ホームズになれ」だと申し上げておきましょう。

想像力を駆使してさまざまな仮説を立て、その仮説が本当に正しいのかどうかを検証していく。そして、「これは、たぶん違うな」と思うものを捨てていく。これが推理なのです。

現状のAIは、読み込ませてある膨大なデータの中から、問いかけに対して最も適切と思われる答えを選ぶことはできます。なんらかの確率とともに「確からしい」答えを出してくれるのでしょう。

しかし人間が現実に行動する時に必要なものは「正解」ではありません。チェスや囲碁のように「勝つことが絶対の正解」であれば、AIが人間よりも優るのはその通りでしょう。しかし、現実の世界では、相手を叩きのめさない方が、長期的には望ましいという局面もあります。**正解が必ずしも問題を解決してはくれません。**

もっと言うなら、「正解」など現実の世界では存在しません。AIに正解を出してもらって安心したい気持ちはわかるのですが、それは単なる安心でしかありません。そんなものを大事にしていても何も解決しないのです。

AIの進歩は凄いけれども、過度に信頼してはいけません。そもそも正解はないんだ、という前提に立って、ＡＩなどただの道具で、うまく使えば良いと考えておけば良いのです。

構造的に強靭な企業の条件

ちょっとＡＩのことで回り道をしてしまいましたが、ここからが本題です。

私は投資家として「構造的に強靭な企業」に投資していると言いました。ギャンブルのような投資で、大勢のお客様の大事なお金を危険にさらすことはできないからです。

経済にはアップダウンがつきものです。米国経済だって、１９８７年のブラックマンデー、２０００年のＩＴバブル崩壊、２００８年のリーマンショック、そして２０２０年のコロナショックというように、幾度となく大きな株価の下落を伴う経済危機を経験してきました。

しかし、**構造的に強靭な企業は、どれだけ経済が落ち込んだとしても、むしろそれをチャンスに変えて着実に成長し続けていきます。**大きな経済的ショックにより弱い企業が駆逐されてしまう結果、経済が正常化する時には、構造的に強靭な企業はさらに強くなって戻っ

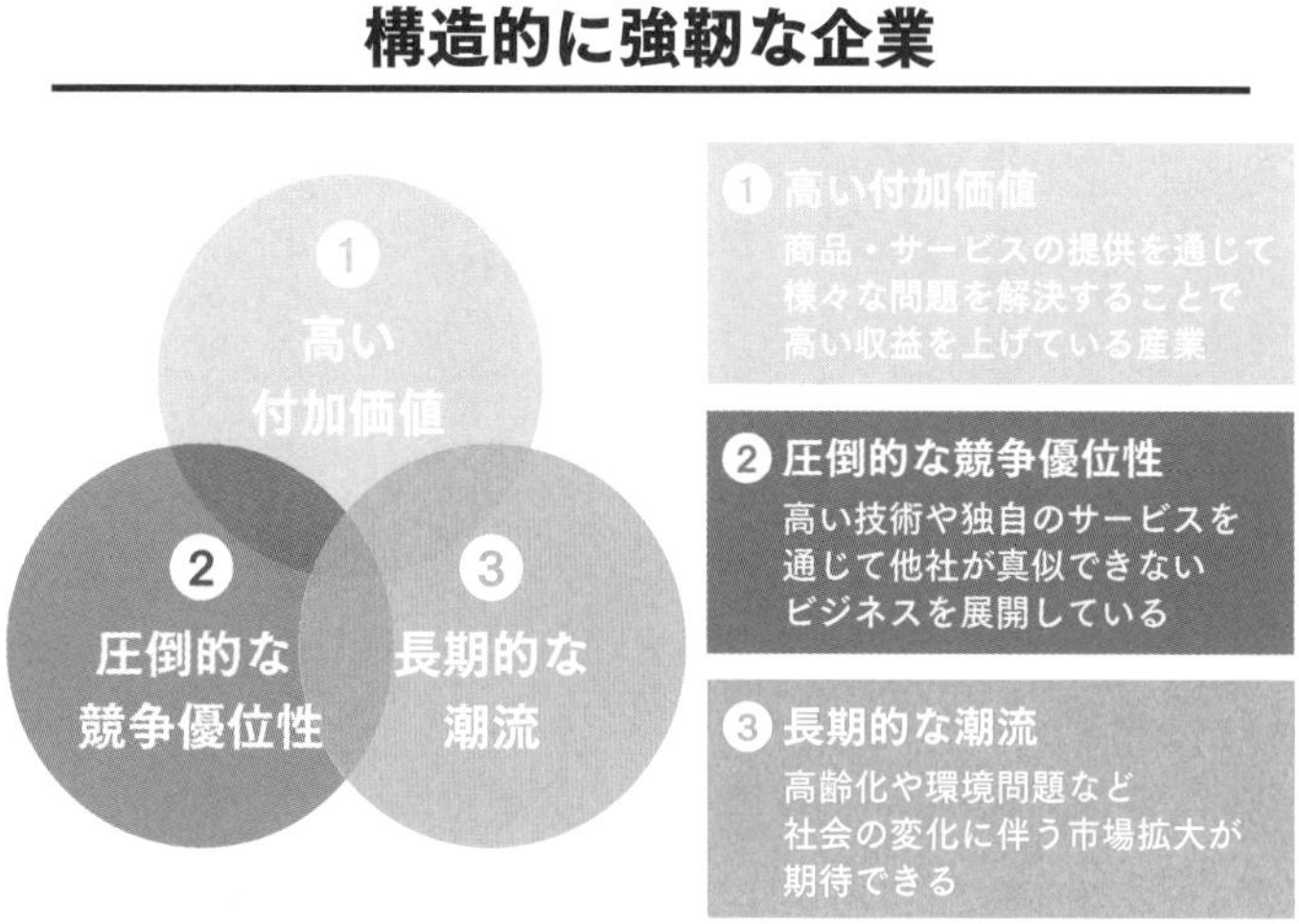
構造的に強靭な企業
1 高い付加価値
2 圧倒的な競争優位性
3 長期的な潮流
1 高い付加価値
商品・サービスの提供を通じて様々な問題を解決することで高い収益を上げている産業
2 圧倒的な競争優位性
高い技術や独自のサービスを通じて他社が真似できないビジネスを展開している
3 長期的な潮流
高齢化や環境問題など社会の変化に伴う市場拡大が期待できる

てきます。

だからこそ、一時的なショックで株価が急落することはあるかもしれませんが、理論的な企業価値そのものには変わりがないので、いずれそれが評価され、株価は再び上昇し、高値を更新していくのです。

構造的に強靭な企業であるためには、3つの要素を満たす必要があります。それは**「高い付加価値」**、**「圧倒的な競争優位性」**、**「長期的な潮流」**です。

①「付加価値」とは問題発見、問題解決

付加価値についてはこれまでも何度か触れてきましたが、「本当に世の中のために

なっているのか」ということです。世の中の必要性が高いほど、付加価値が高い商品やサービスということになります。

ただ、1990年以降、モノが余る時代になったため、本当にそれが世の中に必要とされているのかどうかが、わかりにくくなってきました。

モノが不足していた時代であれば、ニーズは簡単です。自動車が欲しい、テレビが欲しい、冷蔵庫が欲しいというように、人々の物欲に合わせて商品を開発して店頭に並べれば、自然に売れていきました。

でも、みんながある程度モノを持ってしまい、**モノが余る時代になると、モノ自体に対するニーズが徐々になくなりますから**、問題そのものの解決策を見つける必要性が高まってきます。

たとえば洗剤を例に挙げて考えてみましょう。あなたは洗剤メーカーに勤務していて、お客様に一生懸命洗剤を売るのが仕事です。

ある時ふと考えました。「なぜお客様は洗剤が欲しいのだろうか?」と。

そこであなたはこう思い至ります。「お客様は、洗剤が欲しいのではなくて、服についた汚れを落としたいからだ」と。そこで、洗剤を使わなくても水だけで綺麗に洗える洗濯機を開発したところ、新しい洗濯機が大ヒットです。もうあなたの会社は洗剤メーカーではなくなりました。

その大ヒットに満足することなく、またあなたは原点に立ち返って考えます。「なぜお客様は洗濯機が欲しいのだろうか？」と。

そこであなたは再びこう思い至ります。「お客様は、洋服を清潔に保ちたいだけで、洗濯機が欲しいわけではないのだ」と。そこで、汚れがつかない繊維を開発して服を作ったら、その新しい繊維が大ヒットです。もうあなたの会社は洗剤メーカーでも洗濯機メーカーでもなくなり、繊維メーカーになってしまいました。

要は「何を作ったか」ではなく「どんな問題解決をしたのか」が問われるのであって、凄い技術が大事なのではないのです。私が大好きな経営者である本田宗一郎氏は、1946年に創業した本田技術研究所（現、本田技研工業）のあり方についてこんな名言を残しています。

「研究所は人間、顧客を勉強する所だ。顧客にとっての価値は何か。これがわかれば後は技術が解決できる」

お客様は何を求めているのか？

この洗剤のケースにおいても、自社が持っている技術にこだわることなく、「お客様が本当に解決したい問題は何なのか」という本質のところまで徹底的に考えなければ、お客様が抱えた問題を発見することはできません。なぜならお客様自身が自分の抱えている問題を認識していないことが多いからです。

単純にお客様に「あなたのニーズを聞かせてください」と聞くと、お客様は「安くて汚れが落ちる洗剤が欲しい」と言うだけです。「服を清潔に保ちたい」という本当のニーズなどお客様の口から出てくることはないのです。

顧客が抱えている問題を本質的に考える

には、「なぜ」という言葉を4回繰り返すのが良いと言われます。「なぜ顧客は洗剤が欲しいのか」「なぜ顧客は洗濯機が欲しいのか」「なぜ……」「なぜ……」。なぜ4回なのかは知りませんが、本質的に考えるということは、そういうことです。

先ほど、ナイキのヴェイパーフライの話をしましたが、あれも同じことです。昔のマラソンランナーが欲しがったランニングシューズは、薄くて軽いものでした。

でも、長距離ランナーが本当に欲しいものは何かを突き詰めて考えていくと、「体力を温存できる何か」でした。体力を温存するためには、シューズの反発力を高めればいい。そのためには、ヴェイパーフライのような厚底のシューズになるというわけです。

このように、**お客様が抱えている課題を発見し、それを解決する方法を提供することこそが、付加価値を提供するということであり、あらゆる企業、ビジネスの第一義的な使命なのです。**

②他社が参入できないほど強い「圧倒的な競争優位性」

次に「圧倒的な競争優位性」です。ナイキの例で言えば、みんながナイキの製品を欲しいと思う理由の一つに、憧れの選手が使っているからというのがあると思います。サッカーのクリスティアーノ・ロナウド、テニスの大坂なおみ選手などですね。

これは「エンドースメント」と言って、ナイキが選手と契約を結び、自社の製品を使ってもらっているのです。大坂なおみ選手が被っているキャップや履《は》いているテニスシューズにナイキのロゴが入っていると、それは物凄い広告効果を生み出すんですね。ナイキはこのエンドースメントをはじめとするマーケティングに年間4000億円以上もの予算を投入しています。

そして、これだけの予算をマーケティングに割ける会社というのは、世界でナイキとドイツのアディダスしかありません。プーマやアシックスなどは売上の規模が4000〜5000億円ですから、全く勝負にならないのです。

圧倒的な競争優位性は、「**参入障壁**」という言葉に置き換えることもできます。今さら、コカ・コーラの向こうを張って、コーラ飲料で対抗しようなどという飲料メーカーはほとんどありません。時々、コーラ風の清涼飲料水が出てくるものの、コカ・コーラの牙城《がじょう》を崩すことはできないのです。

それは、世界中のほぼどこに行ってもコカ・コーラが買えるという流通網があるからです。なおかつコーラといえば誰もがコカ・コーラを連想するだけのブランド戦略を行ってきた賜物と言っても良いでしょう。

ディズニーだってそうです。今さらミッキーマウスの向こうを張って、動物のキャラクターを新たに誕生させ、さまざまな商品に展開して世界を席巻しようなどという無謀なチャレンジを目論む企業は、恐らくないと思います。

「もうあの企業とは戦いたくない」とライバル企業に思わせるほどの圧倒的な強さこそが、参入障壁なのです。参入障壁を磨き上げるために、戦略を練って実行に移すこと、これこそが経営者の役割と言っても過言ではありません。

③その方向に進んだらもう戻せない「長期的な潮流」

そして3番目が「長期的な潮流」です。これは長期的かつ元に戻らないことを指しています。**その方向に進んだらもう簡単に反転させることができない事象**のことです。

たとえば人間がこの世に誕生して以来、誰もが願ってきたことは「長寿」です。誰もが長生きしたいと思っています。ただし、病気がちでずっとベッドに寝た切りの状態になっても長生きしたいなどという人は恐らくいないでしょう。皆、健康のまま長生きしたいと考えているのです。だから、健康を維持するために多くの人が走ります。

強い企業が備える
持続的企業価値創造力の因数分解

付加価値

問題発見

顧客・社会の問題を
定義する力

付加価値の源泉

- 産業バリューチェーンにおける
優越的なポジショニング
- 新たに顧客の課題を
見つける力

×

競争優位性

排他的解決

参入障壁を
構築する力

参入障壁の類型

需要サイド		供給サイド
スイッチングコスト	×	規模の経済
陳腐化しない需要		情報優位
ニッチな需要		生産技術
ネットワーク効果		供給制約
		周期性

×

長期的潮流

不可逆的な必然性

論理的な
持続性

長期的潮流

- 人口動態
- 健康志向
- 都市化
- 国家財政悪化
- 水平分業化

日本は人口減少社会になっていて、これも動かし難い長期的な潮流ですが、世界の人口は今、どんどん増えています。新興国もいずれ経済水準が上がり、先進国の仲間入りをする時が来るでしょう。

そうなると、今の先進国と同様に健康志向が高まっていきますから、ますます健康のために走る人が増えていきます。長期的な潮流として、走る人は世界中でどんどん増えていくものと考えられますから、たびたび事例として取り上げる、ナイキのランニングシューズは売れ続けていくのです。

このような人間の本質的な欲求に根ざしている潮流や人口動態のようなすでにある程度決まってしまっている統計的な潮流のことを、私は「長期的な潮流」と呼んでいます。この長期的な潮流は大震災が起ころうとも、新型コロナが蔓延しようとも逆戻りすることはありません。

構造的に強靭な人間の条件

これから皆さんは、多くの仕事がＡＩに代替されていく中で、社会人生活を送ることになります。しかも、世の中の変化は速く、激しく、チャレンジしなければ、どんどん後退していくことになります。

だからこそ、構造的に強靭な企業がいつの時代のいかなる時も生き抜いていけているのと同じように、**人も構造的に強靭になる必要がある**のです。

構造的に強靭な人とはどういう人なのかというと、これは構造的に強靭な企業とほぼ同じです。

①付加価値＝人の役に立ってなんぼ

何といってもまず、**他人に対して付加価値を生み続けられる人**こそが、いつの時代にも求められるようになるでしょう。

社会に出た時、人の役に立てているかどうかが大事になってきます。逆の言い方をすると、自分のことだけを考えている人は、人から求められることも、人と協力して何かを成すこともできません。そして何よりもそんな生き方はつまらないと思います。

人に対して付加価値を生み出せるようになった時に、結果として、お金であったり、信頼であったり、地位であったり、さまざまなものが、あなたのもとにブーメランのように戻ってくるのです。

まずは、人の役に立つ、人に対して付加価値を生み出すという心構えが何より重要なのです。

②競争優位性＝基礎を固め、発展させる

「圧倒的な競争優位性」を人として持つには、まず**基礎的な能力を高める**ことです。君たちが今、試験のためにしぶしぶ取り組んでいる数学、英語、歴史、生物などの基礎科目は手足の筋肉みたいなものです。どうせ後で何をやるにしても必要ですし、組み合わせで応用もきくので、タダで学べる今やっておくのがお得です。これって、社会に出た後で気づくのですけどね（笑）。

それからビジネスに追加的に必要な3つの言語として、**①会計、②統計、③プログラミング**が挙げられます。これらの「言語」は、できれば大学時代、遅くとも社会人になって10年以内に修得することをおすすめします。これらの言語を知らなければ、相手のビジネスを理解したり、自分のビジネスを表現したりすることが困難になります。

これらの基礎を蓄積しながら、自らの志向、得意不得意を組み合わせて自分のキャリアをつくっていくわけですが、その時に意識しておくとよいのが**「ダブルキャリア」**という考え方です。

たとえば医師で「自分にしかできない」というような領域まで手術の能力を高めようとすると、これはもう大変です。医師の世界には、上には上がいるので、トップに立つには困難を極めます。ゴッドハンドになろうとしても、なかなかなれるものではありません。そこで「ダブルキャリア」なのです。

たとえば医師免許と会計士資格の両方を取得するのです。もちろんそれも大変ではありますが、医師の世界でゴッドハンドになるよりは簡単なはずです。

会計士として企業の数字を読むことができるのと同時に、医師免許を持っていて医療分野に詳しければ、「企業会計に強い医師」という、探してもなかなか見つからない存在になれます。

あるいは弁護士資格と医師免許を持っていれば、医療裁判で絶対的な強みを発揮できる弁護士として名を馳《は》せることができるでしょう。

皆さんがこれからキャリアを築いていく時、ダブルキャリアになれるような勉強方法を

「構造的に強靭な人間」になろう！

「構造的に強靭な企業®」の条件

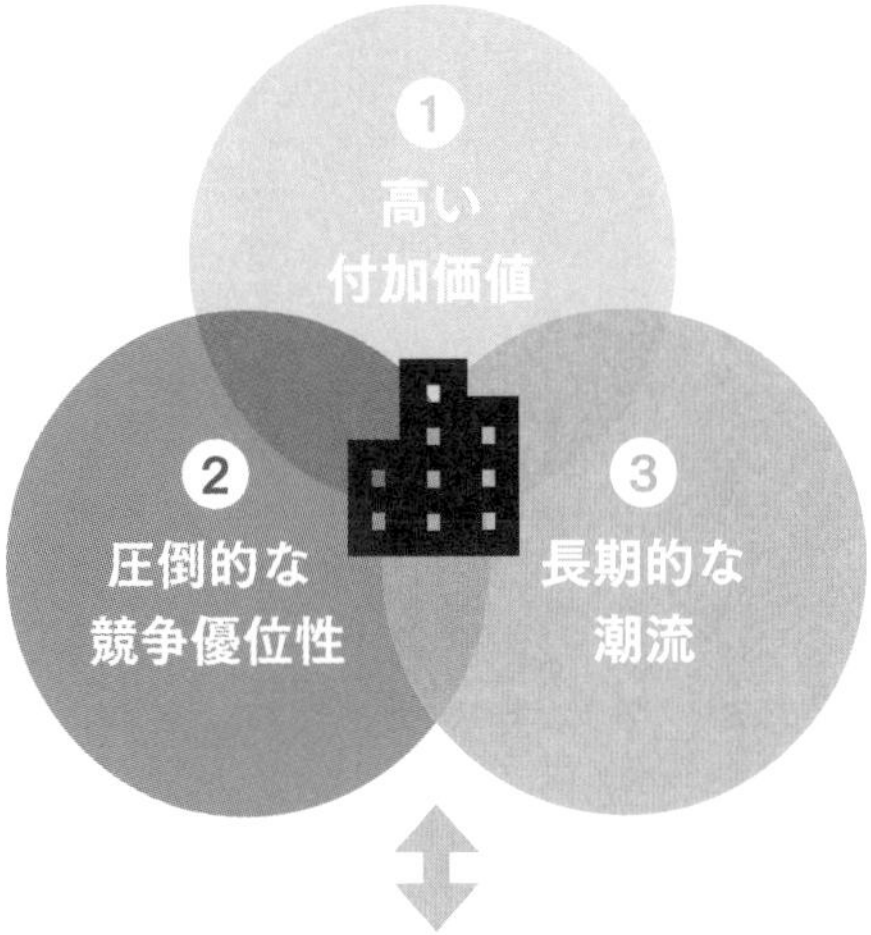

「構造的に強靭な人間」の条件

考えるのは、とても有効なことだと思います。もし、医師の世界で上位10分の1に入るのと同時に、投資家でも上位10分の1にランクインできれば、10分の1と10分の1の掛け算で、上位100分の1の人材になれるということです。

「ダブルキャリアなんて難しい」という人も、心配することはありません。自分にない才能を持った人材と**チームを組む**というやり方なら、効率的に世の中に価値を生むことができます。

勘違いしないでください。チームを組んで、他の優秀な才能に依存するということではありません。自らもチームの中でかけがえのない才能を持ち、チームに貢献し、1＋1が2よりも大きくなるような相乗効果を発揮することが大事なのです。自分の才能なんて、しょせんしれています。それよりもさまざまな才能を組み合わせることで、本当に強力なチームを組むことができれば、最も競争優位を発揮することができるのです。

他の才能とのコラボレーションを目指す時に、重要になるのは、自らの才能であると同時に、最初に言った「人の役に立ってなんぼ」という心構えなのです。人のために働くという価値観を持っている人同士は、不思議とうまく集まり、大きな仕事ができるものです。

それぞれのスキルセット&個々のキャリア

（例）直線的に選び、シングルキャリアでそのまま進む

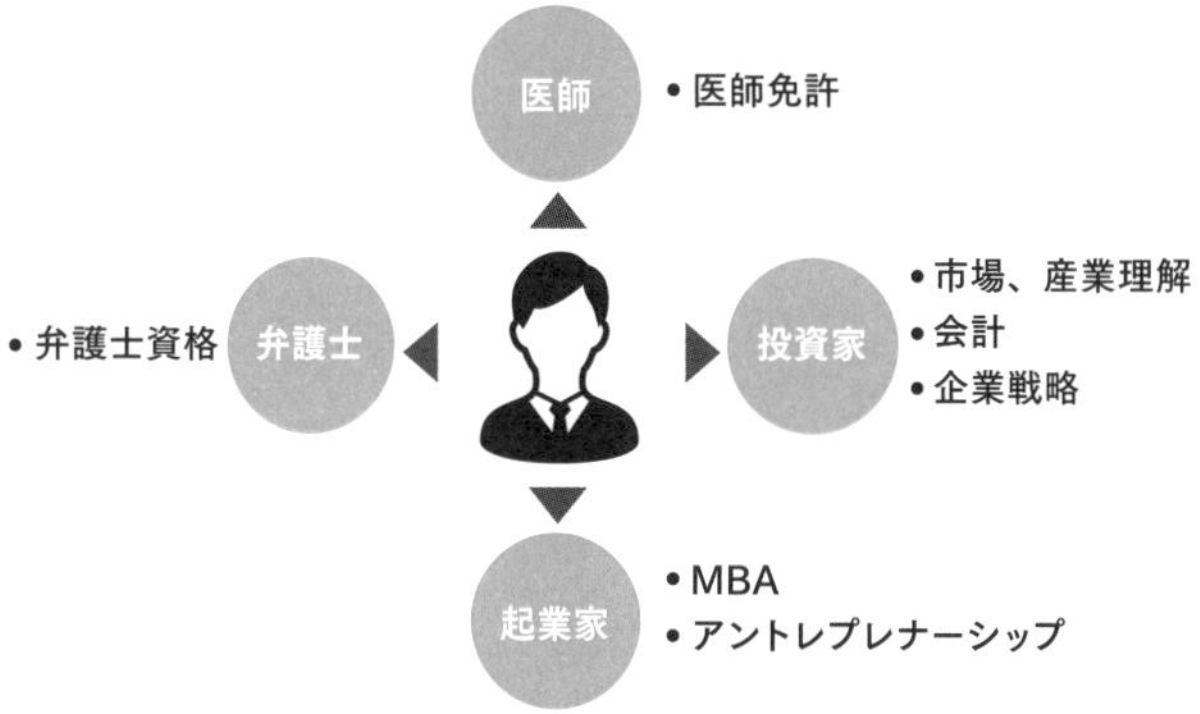

☑ 個々の問題をそれぞれの立場で「解決」する

マルチのスキルセット&マルチなキャリア

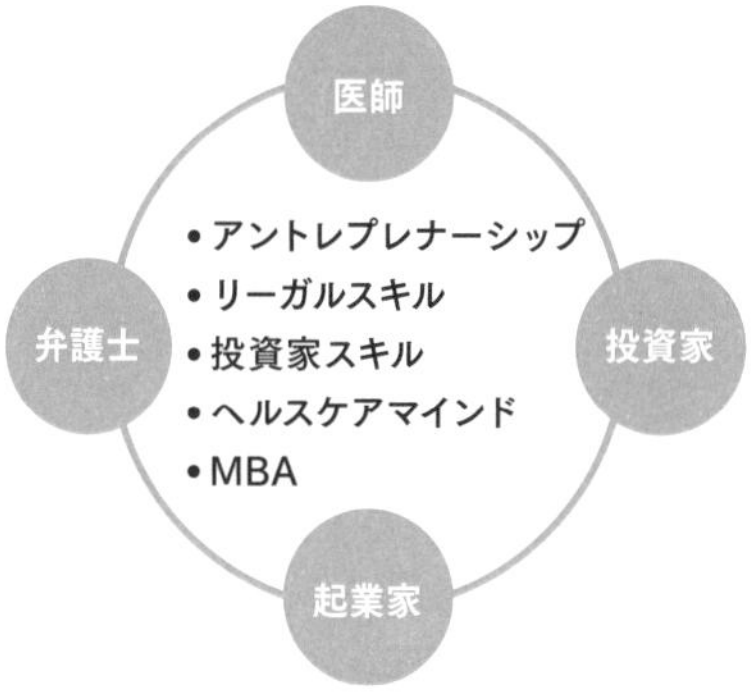

☑ 様々な側面から顧客の問題を自ら「発見」して「大きく解決」する

☑ 世界を「構想」して「変革」する ▶ 最強のキャリア構築へ

この考え方を突き詰めたところに理想の会社があるのだと思います。

③長期的潮流＝歴史観を持つ

これは企業の長期的潮流とはちょっと違うかもしれませんが、**歴史観を持つ人になる**ということでしょう。

高校で歴史を勉強する時、「何年に何があったのかをバカのように覚えて、将来役に立つのかよ」と思っている人は少なくないでしょう。実のところ、私も高校生の時、そう思っていました。

でも、今は違います。第一次産業から第二次産業、そして第三次産業への変遷を理解している人は、「ＡＩで職が奪われる。大変だ！」などと慌てません。それは今までの歴史の中でも繰り返し起こってきたことであり、たまたま自分が生きている時代にそれが起ころうとしているだけに過ぎないとわかるからです。

それなら付加価値を提供できる人間に自分がなることで十分に乗り切れると、自信を持って未来に向かって進むことができます。

それは今、世の中を席巻している新型コロナウイルスの感染拡大も同じです。あの話で右往左往している人たちは、過去の感染症の歴史を学ばず、毎朝垂れ流されているワイドショーの無責任なコメンテーターの意見ばかりを聞いている人たちです。歴史に学んだ自分の見立てを持っていれば、もっと冷静に対処できるはずです。

下克上せよ！

学生の人気就職ランキングを見ると、産業の栄《えい》枯《こ》盛《せい》衰《すい》の激しさがわかります。

終戦直後は石炭会社が人気企業でしたが、石油の登場によって一気に斜陽産業となり、それとともに人気化したのが繊維会社や石油化学会社です。それから自動車、金融というように時代は変遷していきました。

学生の多くは就職先を決める時、「自分が定年まで安定的に給料が得られる会社はどこだろうか」という視点で選ぼうとします。しかも、その時にキラキラと輝いて見える企業に目を奪われがちです。その結果が、日本航空であり東芝なのです。**安定を求めたばかりに、逆に不安定な人生になってしまった**というわけです。

逆に、たとえば1980年代の初頭に、「日本ソフトバンク」という小さい、小さいベンチャー企業に就職したとしたら、どうなっていたでしょうか。当時、日本ソフトバンクはパソコン雑誌を出版している小さな会社でした。それが今では時価総額18兆円もの企業に成長しました。

ダイキン工業という、今では世界を代表する空調メーカーに30年以上勤めている女性事務職の知り合いなどは、現在億万長者です。入社した時から持株会でダイキン工業株を長期で積立て保有しているからです。

この40年くらいの産業興亡史を見ていくと、戦後の高度経済成長を支えてきた伝統的な大企業が没落する一方、30年前は誰にも見向きもされなかったような企業が、物凄い勢いで成長を遂げているのがわかります。まさに「下克上」です。

こうした下克上が、これから先、もっと激しくなるのかも知れません。ＡＩの普及によって、多くの仕事が消えていきます。時代の変化はますます速く、激しいものになるでしょう。

これを「うわぁ、不安定な環境はいやだなぁ」と捉えるか、「よし！　これからが腕の見せどころだ」と考えるかは個人の選択次第です。しかし冷静になって考えてみると不安定な時代は、若い君たちにとっては圧倒的に有利です。

序章でも述べたように組織の時代が終わり、個人の時代がやってきました。アイデアで勝負ができ、ビジネスを立ち上げるためのコストがどんどん下がってきました。リスクは限定される一方、チャンスはどんどん大きくなっているのです。

どんどんチャレンジして下克上しましょう。**試行錯誤の先に、成長が待っている**のです。

お金持ちの先にあるもの

私には、最後まで読んでくれた君たちが「構造的に強靭な人材」として、社会で活躍する姿がありありと見えます。

どうすれば目の前のお客さんが喜んでくれるのかを自分の頭で考えながら、接客している君たちの姿が見えます。そのお客さんを喜ばすために、インターネットを活用した全く新しいサービスを仲間と一緒に悪戦苦闘しながら立ち上げている君たちの姿が見えます。どうすれば世界が抱えた環境問題を解決できるのかを自分の頭で考えながら、目の前のモータ開発に取り組んでいる君たちの姿が見えます。そういった問題解決のための新しい能力を磨くべく、仕事が終わってから一人コツコツと勉強している君たちの姿が見えます。

こういった生き方はけっして楽ではないでしょう。でもこれこそが「投資をする」という行為の本当の意味なのです。

そんな君たちの周りには、たくさんの「ありがとう」がついてまわります。同じような考え方を持った素晴らしい仲間たちに囲まれて、人の役に立つ「しんどいけれど楽しい仕事」に時間を忘れて取り組んでいることでしょう。時には、人から誤解されたり、吐きたいほど辛いこともたくさんあるけれど、君たちの価値観にそったものだから乗り切れます。いや、やり抜くのです。


そしてある時ふと気がつくと、**すでに君たちはお金持ちになってしまっています。**それ以上に、その時**すでに君たちは幸福になっています。**

約束します。お金とはそんなものです。


そして次は君たちのお金が、「ありがとう」を作り出す次の世代、君たちの子供たちに受け継がれていきます。

よく「お金には色がない」と言われます。良いことをして得たお金でも悪いことをして得たお金でも、同じ額面なら同じ価値だという意味です。

私はそんなことはないと思っています。君たちが意志を持って集めた「ありがとう」、そしてその意志を持って託した「ありがとう」は、ずっと受け継がれていきます。そんな意志を持った「ありがとう」に満ち溢れた社会にしてください。

おわりに

さて、これで私の講義は終わりです。皆さん、お金持ちになるにはどうしたらいいのか、わかったでしょうか。

何をどうしていいのかわからない？

そういう人はダメですね。もう一度本書を読み直してください。自分の頭で考えることが重要なのです。何をするのか選択するのは、君自身です。誰の人生でもない、君の人生なのです。人に言われた通りにやって成功するはずなんてありません。

人生をかけるべき何かは、君の得意なことや、君の大好きなことの周りにあるはずです。それを自分で見極めて、とことんやり抜くのです。そうすれば、必ず何かが得られます。

わかったという人は、すぐに行動に移してください。明日と言わず、今日から始めてください。わかった気になっても、行動に移さなければ何も変わりません。

苦手だと思っていた数学を一生懸命勉強してみるのでもいいし、英語を習得するために近所の外国人と友達になってみるのもいいでしょう。まずは「行動を変えてみる」ことが重要です。

それから「投資」は社会を理解する上でとても役に立ちます。できるだけ早く始めることを強くお勧めします。なぜなら「時間」は、投資をする上で強力な武器になるからです。君たちみんなが持っていて、私が持っていないのは時間です。時間という武器を有効に活用してください。

投資を始めるには元手が必要だと思うかもしれません。確かに株式だと10万円くらいは必要です。でも投資信託なら100円からでも始められます。今はスマホでも簡単にできる時代です。投資を始めれば、世の中の見方が変わってきます。「投資」は、「労働者2・0」への第一歩なのですよ。

そしてもし、君たちがお金持ちになれたなら、思い出してほしい言葉があります。

Noblesse Oblige（ノブレス・オブリージュ）

直訳すると「高貴さは義務を強制する」ですが、これでは何のことかわかりませんね。わかりやすく言うと、「お金持ちには社会的責任がある」という意味です。お金持ちになったからといって、何をしてもいいわけではありません。お金持ちだからこそ、社会の規範となり、社会をより良くすることに尽力すべきだということです。

ウォーレン・バフェット氏が、地元のネブラスカ大学で話した以下の内容は、私が最も好きなエピソードの一つです。8兆円を超える個人資産のほとんどを慈善財団に寄付するウォーレン・バフェット氏に「どうして子供に相続しないのか？」と学生が質問しました。これに対して、バフェット氏は言いました。

「自分の子供だからという理由でとてつもない大富豪になるのは〝Un-American（アメリカらしくない）〟だ」

これには、少し説明が必要でしょうね。アメリカは世界第1位の資本主義国家として戦後の経済を引っ張ってきました。ロケット、インターネット等、さまざまな新しいものはアメリカで生まれ、アメリカで大きくなり、世界中に広まりました。アメリカでそういった企業を始めた創業者はけた違いの大金持ちになったのです。アメリカはまさに「アメリカン・ドリーム」の国、挑戦する者が報われる国なのです。

そういうアメリカのチャレンジ精神に投資することで大富豪になったバフェット氏は、我が子であっても「挑戦しない人が金持ちになる」ことが「それはアメリカのチャレンジ精神を否定するものだ」と考えたのでしょう。

ちなみにバフェット氏が寄付する慈善団体にはビル＆メリンダ・ゲイツ財団が含まれています。マイクロソフトの共同創業者で、世界一のお金持ちになったことのあるビル・ゲイツ氏が、途上国の教育問題や気候変動対策に専念するために設立した財団です。この財団は新型コロナウイルスの対策にこれまで3億ドル（300億円以上）を寄付しています。

それを聞いて、「もったいない」と思った君は、まだまだですね。

私は彼らを「かっこいい」と思います。バフェット氏もゲイツ氏も自分が信じるより良い未来のために自分のお金を使っているのです。

何度も書いたように「価格と価値」は別のものです。お金（価格）だけをいくらたくさん持っていても意味はないのです。それを何に使うか（価値）が大事なのです。バフェット氏は「挑戦こそが世界を良くする」ことだと心の底から信じています。そして、その意志を持ったお金がビル＆メリンダ・ゲイツ財団に寄付され、それがまたゲイツ氏の意志を持って新型コロナ対策に寄付されていく。社会の問題を解決するために、意志を持ったお金が巡っていくのです。

この「意志を持ったお金」こそが世の中を良くしていくのです。

そして、これも何度も書きましたね。世の中から「ありがとう」と言われた総量の多い人が、結果的にお金持ちになるのです。

最後に、私から君たちにお願いがあります。

本書の中で、資本主義は利己と利他が調和できる素晴らしいものであると書いてきました。それは本当です。しかし、資本主義には致命的な欠点があります。資本家は労働者より圧倒的に有利にできているため、貧富の差が広がり続けてしまうということです。

これは健全なことではありません。

だから君たちに、資本主義をアップデートしていってほしいのです。これは君たちの世代に残された課題です。

大変なことですが、誰かがやらねばならないことです。最初から「そんなの無理だ」なんて思わないでください。

今ではGAFAと呼ばれる米国のIT企業が世界を席巻しています。たった4社の時価総額が、日本の株式全体の額に迫っていると言われます。

でもほんの20年前は、アップルは潰れそうな中小企業でした。グーグルやアマゾンは生まれたばかりの小さな会社でした。フェイスブックは存在すらしなかったのです。時代はものすごいスピードで動いているのです。

もっと言えば、三十数年前までは、日本の女性には男性と同じように働く権利がありませんでした。さらに遡《さかのぼ》れば、五十数年前までは、自由の国アメリカで、有色人種に対する差別が公然と行われていました。有色人種と白人は、トイレが別々だったのですよ。

それぞれの時代で「これはおかしい」と思った人たちが立ち上がり、世の中を少しずつ変えてきたのです。

これからの日本は、少子高齢化問題や環境問題など、大変なことが山積みです。でも「大変な時代だ」と受け身になっているだけでは、何も変わりません。

時代は変えられるのです。そのことを信じてください。

そして時代を変えていくのは、これからの時代の主役である君たちなのです。

これからの時代を、君たちの力で、より良いものに変えていってください。

奥野一成

［著者］
奥野一成（おくの・かずしげ）
農林中金バリューインベストメンツ株式会社　常務取締役兼最高投資責任者（CIO）
京都大学法学部卒、ロンドンビジネススクール・ファイナンス学修士（Master in Finance）修了。1992年日本長期信用銀行入行。長銀証券、UBS証券を経て2003年に農林中央金庫入庫。2007年より「長期厳選投資ファンド」の運用を始める。2014年から現職。日本における長期厳選投資のパイオニアであり、バフェット流の投資を行う数少ないファンドマネージャー。機関投資家向け投資において実績を積んだその運用哲学と手法をもとに個人向けにも「おおぶね」ファンドシリーズを展開している。著書に『教養としての投資』など。

15歳から学ぶお金の教養
先生、お金持ちになるにはどうしたらいいですか？

2021年3月9日　第1刷発行
2023年8月31日　第5刷発行

著　者――奥野一成
発行所――ダイヤモンド社
〒150-8409　東京都渋谷区神宮前6-12-17
https://www.diamond.co.jp/
電話／03･5778･7233（編集）　03･5778･7240（販売）

構成――鈴木雅光
装丁・本文デザイン―別府拓（Q.design）
DTP・図版作成―G.B.Design House
イラスト――ぷーたく
校正――鷗来堂
製作進行――ダイヤモンド・グラフィック社
印刷――新藤慶昌堂
製本――ブックアート
編集担当――亀井史夫

ISBN 978-4-478-11253-3